# 2020 中国人身保险产品研究报告

北京爱选信息科技有限公司
中国财富网
北京大学数学科学学院金融数学系
中国财富研究院
·著·

新 华 出 版 社

**图书在版编目（CIP）数据**

2020 中国人身保险产品研究报告 / 北京爱选信息科技有限公司著.
-- 北京：新华出版社，2020.12
ISBN 978-7-5166-5582-5

Ⅰ. ① 2… Ⅱ. ①北… Ⅲ. ①人身保险 - 研究报告 - 中国 -2020
Ⅳ. ① F842.62

中国版本图书馆 CIP 数据核字（2020）第 255508 号

**2020 中国人身保险产品研究报告**

**作　　者**：北京爱选信息科技有限公司等

**责任编辑**：田丽丽　　**责任校对**：刘保利

**出版发行**：新华出版社
**地　　址**：北京石景山区京原路 8 号　　**邮　　编**：100040
**网　　址**：http://www.xinhuanet.com/publish
**经　　销**：新华书店、新华出版社天猫旗舰店、京东旗舰店及各大网店
**购书热线**：010-63077122　　**中国新闻书店购书热线**：010-63072012

**照　　排**：童色系文化传媒有限公司
**印　　刷**：河北鑫兆源印刷有限公司

**成品尺寸**：170mm × 240mm
**印　　张**：15.25　　**字　　数**：160 千字
**版　　次**：2020 年 12 月第一版　　**印　　次**：2020 年 12 月第一次印刷

**书　　号**：ISBN 978-7-5166-5582-5
**定　　价**：48.00 元

# 序　一

《2020中国人身保险产品研究报告》(以下简称《报告》)的出版，是该系列报告的第三年，已逐渐成为保险行业的年度纪实文献。据了解，自《报告》问世以来，读者覆盖了广大保险消费者、保险行业从业人员以及保险专业在校学生等多类群体。《报告》的价值在于：着眼于研究保险产品与服务现状，满足保险消费者对于保险知识的需求，回应社会各界对保险业改革发展的关心、关注，促进保险业长期可持续发展，将为保险行业的健康发展以及消费者保险知识的普及起到重要的推进作用。

过去40年，我国保险业的发展是与经济和社会发展同步推进的，也得益于经济和社会的高速发展带来保险行业的红利。党的十九届五中全会通过的《中共中央关于制定国民经济和社会发展第十四个五年规划和二〇三五年远景目标的建议》中多处提到保险，为保险业未来发展指明了方向，提供了有力的政策支持。未来10到15年是保险业发展黄金时期。目前，我国人均GDP已超过一万美元。按照国际经验，正是保险业发展的高速增长期。我国已经进入老龄化社会，60岁以上的人口约2.5亿，养老保险、医疗保险、健康管理和长期护理保险等需要保险业大有作为。现在，中国已经是全球第二大保险市场，正在从“保险大国”到“保险强国”转变，预计到2035年可能成为全球最大保险市场。因此，我们需要紧跟市场、审时度势、乘势而上，把握好当下才能赢得未来。同时，我们要清醒认识到，市场上很多保险产品的供给还不能满足老百姓需求，服务水平与保险消费者的要求相差甚远，保险业产品创新能力有待提高，与国家提出的保险供给侧结构性改革有很大差距。下一步，保险业要在供给侧结构性改革上下功夫，主要着力点要聚焦保险产品结构和保险服务的效率方面，以服务实体经济需要、服务人民生活为根本。

《报告》每年统计更新相关指标数据，并对当年保险产品创新点重点分析研究，长期坚持，这一系列报告会清晰地展现出保险产品的设计变化以及发展趋势。

首先，《报告》是保险行业的一项基础建设性工作，展示年度性保险事业发展的现状。保险功能是风险管理、经济补偿和资金融通，延伸的职能是社会管理，服务人民群众的保障需求，俗称为一项从“群众中来”到“群众中去”的服务事业。保险机构提供风险保障的服务和产品，是联接保险提供者与保险消费者的重要桥梁和纽带，保险产品是保险业的“初心”，保险服务是保险机构的“始终”，因此对其研究十分重要且必要。

《报告》的形成实属不易，需要时刻关注保险市场运行，关注保险产品和服务的经济效益、社会效益，并对相关信息进行规范化、标准化的收集与积累。《报告》的形成得益于爱选科技庞大的人身险产品库和数据库。一个产品库和数据库的维护是不容易的，包括从广度到深度，从数量到质量，从人工到智能，都需要大量的努力和付出。《报告》从基础产品信息收集，到对产品的深层次处理分析，再到结合市场情况提出未来的展望，全程都由专业人士参与指导，保证专业性、科学性和规范性。基础的工作是最艰辛细致的工作，“没有初心”怎能“方得始终”呢？《报告》最终会成为研究团队付出的有力见证。

其次，《报告》是保险行业整体创新的推动器和加速器。创新驱动已成为保险行业发展的关键和动能。科技赋能保险可更精准地服务我国的经济和社会发展，保险科技将是我国保险业发展新的增长点。“保险 + 科技”应该是保险业实现数字化转型升级、提高网络化服务水平、提高智能化服务效率的一个重要引擎。

从保险产品结构上来看，虽然我们有在售的五千多款商业健康保险产品，但是仍面临渗透率低、规模小、产品结构失衡、同质化严重等问题。如何通过科技赋能，优化现有保险产品，提供更多元化的保险责任与保险服务，是行业应该关注的重点。《报告》从宏观到微观，对保险行业现有产品进行了系统性研究。今年首次开设专题报告，根据市场现有特点进行符合当前行业状况的针对性研究，无形中成为产品创新的推动力量。

最后，《报告》是保险行业发展的见证人和记录人。通过三年的纪实性报告，我们可以清晰地看到市场以及产品的变化。《报告》很可贵的一点是持续性，使得研究结果更具时间价值。每一个产品如果是一个点，它们与自己同类串成一条线，《报告》把它们汇成一个面，再放到时间里，便形成一个体，折射出不一样的光彩。《报告》可以说是行业某一方面的缩影，见证着保险产品的阶段性进展。

三年仅仅是一个起点。市场在变，产品在变，技术在变，但是保险业的“初心”不变。这是保险业为人民服务、将人民利益放到首位的具体体现，有利于满足社会消费者对美好生活的获得感，增强他们对保险的信任感和安全感。我们应该进一步发挥商业保险的功能和作用，在能够减轻国家财政负担的同时充分发挥社会资源的作用，提高保险对社会的保障能力和水平。《报告》在见证保险行业发展的同时，将持续为行业夯实基础！

周延礼

全国政协委员、中国保监会原副主席

# 序　二

作为一名长期从事保险精算、金融数学和金融风险管理相关研究工作的高校教师，我非常高兴和欣慰《2020 中国人身保险产品研究报告》（以下简称《报告》）2020 年再次成功出版。2020 年注定是要载入人类疾病和健康发展史册的特殊年份，疫情不断强化和教育了全民对疾病风险和健康价值的认知和感受，也许 2020 年还会成为我国寿险业发展历史的一个重要节点。2020 年是该系列报告的第三年，也是我第二次参与这项非常有意义的基础性研究工作，很高兴看到大家的辛苦最终付梓成书，欣慰的是志同道合者的这份长期坚持。

随着时间的延续，我对《报告》的撰写工作有了更深的感悟。从长期的教学科研和精算实践经验看，我认为通过定期梳理保险市场产品形成的研究报告是连接学界和业界的坚实桥梁。一方面，学界可以更全面和充分地了解现实的保险市场，使得教学和研究工作更加结合我国的保险现实。另一方面，业界的不断发展也促进了学界研究的深入和与时俱进。两者相辅相成，互相促进，共同发展，这也是两年来我一直支持这个报告项目的主要原因。只有知识与现实问题的碰撞，才会产生有意义的问题和有价值的解决方案。

支撑《报告》的数据均来源于爱选人身险产品库。该产品库一方面及时更新市场中的在售产品，同时由精算专业人员进行长期维护、扩充和优化升级。结合风险管理、精算等各方面的专业能力，通过不断完善的产品要素拆分原则，对产品进行基本处理和统计分析研究，进而为深入的产品对比研究和科学评级奠定了扎实的基础。报告旨在通过比较分析不同保险产品的价格、保险责任、评级评分等特点，帮助了解人身保险产品的本质特征和市场的现状。从覆盖范围来看，《报告》全面而系统地囊括了定寿、终寿、重疾、年金、万能险、投连险、中端医疗险各类人身险险种。从分析的侧重点来看，《报告》着重描述了各类人身险产品的市场发展状况、产品特征和横向对比，希望通过总结市场中各类产品的综合情况，对行业的保险服务持续升级和行业健康发展提供技术支持。

从精算教育的角度看，《报告》也非常适合于保险精算专业的学生阅读使用。产品的学习常常是精算教学实践的第一个环节，脱离具体的产品学习，精算的定价技术如同水中月和镜中花，永远无法真正掌握精算在保险产品开发中实际运用的精髓。对具体产品的熟悉和思考能够帮助学生真正理解承保标的风险的本质和现实的表现形式，掌握保险保障的本质，毕业后可以更切实地发挥精算师的作用、保护消费者和促进保险行业的健康发展。

转眼间，《报告》已连续出版三年，我认为坚持这项持续性工作对行业是具有非凡意义的。保险作为一种重要的金融工具，在消费者转嫁风险、维持社会稳定、助力我国金融业现代化等诸多方面都扮演着重要角色。相较于其他类保险产品，人身保险的设计、定价、销售等都很复杂，但却是与人民生活最贴近的一类产品。这种复杂很大程度上来源于人们生活需求的多样性和健康影响因素的复杂性，但这些特征也反映了人身保险产品的重要性。行业的发展不可能一蹴而就，这个过程离不开从业者的不断积累和努力。希望《报告》能帮助读者了解人身保险市场的最新状态，辅助保险公司更好地开发产品、满足消费者需求；希望《报告》能为消费者的保险购买以及保险展业提供一定依据，促进供、需双方互利共赢；希望我们可以通过不断的努力促进人身保险长期可持续发展，为行业发展贡献绵薄之力。

北京大学数学科学学院金融数学系主任、教授

# 序　三

《2019 中国人身保险产品研究报告》正式出版后，爱选科技得到了各界人士的广泛支持以及宝贵意见，报告在行业中的影响力在一点点扩大，不少同业人士催促我们发布新报告。非常感谢各位对我们工作的认可与肯定，在各方关爱下，《2020 中国人身保险产品研究报告》终于问世。

2020 年已经是报告发布的第三年了。除了这个系列报告，我们还撰写了“中国保险行业重大疾病保险产品病种研究报告”系列，以及一些行业基础研究成果，并发布在“爱选科技”公众号上，用专业的态度和声音传递着我们对人身保险产品和市场发展的观点。这些工作往往要耗费大量的人力和物力，对于一个商业公司而言，很大程度上并不能带来直接的商业利益。我们持续撰写这样的报告有以下几点原因：

第一，坚持客观分析，留下市场成长痕迹。这份报告到了第三个年头，报告的结构和大框架已经基本定型，除了数据的更新，如何在每一年的报告里挖掘出新的市场和产品的变化，是放在我们面前的问题。身处市场，有时候会感觉到市场时时刻刻都有新的变化，都有新的产品出现，但真正站在一个年度的视角上，站在每一个细分产品的视角上，你会发现，实际上市场的变化并不是那么日日新月月新的天翻地覆，而是潜移默化地随着时间慢慢改变。掌控这一变化方向首屈一指的是那只无形的手——市场。当然我们也看到，监管部门发布的规章制度文件等也是指导市场发展方向的明灯。因此，撰写这份报告，一方面是我们自己了解和分析人身保险市场的一个契机；另一方面也是记录市场、记录产品变化的一手资料，以此来见证我国人身保险市场的发展和成长。

第二，源于我们的责任感和使命感。爱选科技的使命是做保险业“最专业、最难”的事，让保险变“简单”。从创立之初便开始建立行业人身险产品库，这是一项非常基础，却又极其复杂与烦琐的工作。每年在处理不同产品时，我们会发现很多产品创新点，以及产品设计的问题点。有了这样一个系统，有了这样一些问题的积累，才使得我们在写报告的时候有的放矢。我们的报告是基于客观数据进行分析的报告，是用数字说话的报告。不夸张地说，在当前市场上，要写这样一个基于数据的产品报告，爱选科技是第一家，这也是我们给自己的压力。经过我们对产品、对责任设置的统计分析，可以较全面地把握当前人身险市场产品的特点与发展变化。因此，爱选科技认为报告是具有非常意义的，且十分愿意每年把这样一份研究成果与各位共享，并互相交流学习。

第三，我们希望这样一份报告，能真正服务于行业，服务于每一位消费者。每年的报告都会根据当年的产品热点做相应调整。例如针对“非标体”群体的产品开发中，老年人保险是其中重要的一块。一方面，市场上老年人保险产品的供应不足且与实际需求存在偏差；另一方面，国家层面也开始鼓励丰富老年产品供给，鼓励产品创新。因此，2020 年的报告中，我们增加了一篇专题报告，对“老年医疗险”进行专门的研究与分析。

第四，报告也是爱选科技自身的发展需要。爱选科技是一家为老年人、患病人群和特定人群提供解决方案的保险科技公司。主要发力于针对“非标体”群体的创新产品开发。致力于通过合理的风险控制手段的加持，将不可保人群变为可保标的，并为其提供定制化的保险产品。在做产品的过程中，我们对基础的研究、市场的整体把握都非常重视。因此，持续的产品研究是保持专业性和敏感性非常重要的工作。报告不仅对爱选的工作进行了阶段性的总结，也对下一阶段的发展指引了方向。

我国人身险保险业取得了令人瞩目的成就，但仍有很长的路要走。很庆幸我们处于这样一个时代，一个充满机会可以乘风破浪的时代。保险业的发展需要脚踏实地的努力，一点一滴的积累，也需要创新力量的推动。爱选科技服务行业的初心从未改变，也将一直学习，跳出舒适圈，持续做一些对行业有意义、有价值的产出。希望这些小小的努力能汇聚成一道光，充满希望，拥有力量并给予温暖！

由衷感谢所有为本报告能够顺利出版提供各种帮助的人。感谢你们的专业指导、技术支持、日常付出等等。

特别感谢北京大学数学科学学院金融数学系吴岚教授对本报告提供专业指导和研究过程的帮助。吴岚教授的宝贵意见，极大地加强了本报告的专业性。

感谢爱选科技风险建模室全体成员具体落实本报告的各项工作。感谢团队负责人高雁指导和帮助团队成员执行各项任务。

感谢郑宇西、杨寅斌、方玉昕、朱江南、肖容、谷鹏飞、赵恩超、胡兴锦、周柃岐、胡柏瀛、任嘉，他们不仅为前期大量的产品资料收集整理、数据积累、市场调研付出辛苦努力，也分别为报告的撰写及校对作出了贡献。

最后，再次感谢所有为本报告付出努力和提供支持的人。

爱选科技联合创始人

# 引　言

作为全球第二大保险市场，我国保险业无论是在全球保险市场还是在国内金融体系中都扮演着至关重要的角色。从需求方看，保险在居民资产配置和风险防范中的作用逐渐凸显，保险深度和保险密度有一定增长但仍潜力巨大。随着我国居民人均收入的突破和风险意识的提高，预期保险市场会迎来新一轮快速增长。就供给端而言，“保险业姓保”的概念不断强化，保险业回归长期良性发展的正确道路。此外，保险科技公司的兴起催生出不少创新型产品，丰富了现有市场，产品开发更加注重风险控制与精准定位。

保险专业化、精准化发展是行业升级的必经之路。当前市面上的保险种类繁多，其中人身保险产品的具体条款和责任设置错综复杂，这些特性都为消费者甄别出优质的保险产品造成了一定的困难。此外，行业瞬息万变，对于保险产品的生产方和销售方来说，充分了解行业的最新业态非常重要。产品设计合理且符合实际需求是应对行业激烈竞争的根本。基于上述考虑，我们推出了“中国人身保险产品研究报告”系列，希望通过专业角度的保险拆解、市场分析为业界和消费者提供一定的帮助。

《2020 中国人身保险产品研究报告》（以下简称“本报告”）数据来源于爱选庞大的人身险产品库，该产品库包含了市面上近三千余款保险产品的专业拆解和标准化数据。本报告基于标准化数据进行数据分析、风险计量建模的研究，进而对2019年我国保险市场在售的主要人身保险产品进行较为深入的对比研究和科学评级，并给出展望。本报告与2019年相比，除了一个总报告和七个分报告以外，还增加了一个专题报告，对老年医疗保险产品市场做详细调研，从而实现对行业整体现状较为全面的覆盖。本报告旨在服务于广大保险市场的参与者，一定意义上，将推进人身保险市场的正向发展。

# 目　录

# 总报告

## 一、市场综述

2019年中国保险业实现了各项经营数据的恢复性增长，人身险产品开发在经历了2018年的专项核查清理①后更加规范、有序。2018年受134号文件②的影响，人身险市场整体处于调整期，当年寿险业保费规模增速出现了多年以来的低谷。银保监会公布的保险业经营数据显示，2019年人身险业务实现原保费收入30995亿元，同比增长13.76%，较2018年的负增长有了明显改善。在人身险业务中，健康险仍然是保费增长的主要动力，原保费收入达到7066亿元，同比增长29.70%。寿险业务保费收入同比增长9.8%，实现了较为稳健的回升；意外险保费收入同比增长9.2%，较去年同期下降10%。在赔付支出方面，2019年寿险业务赔付支出3743

---

① 指《关于组织开展人身保险产品专项核查清理工作的通知》（银保监办发〔2018〕19号）。

② 指《中国保监会关于规范人身保险公司产品开发设计行为的通知》（保监人身险〔2017〕134号）。

亿元，同比下降 14.72%，主要与产品结构调整后退保及满期给付的减少有关；健康险业务赔付支出 2351 亿元，同比增长 34.81%；意外险赔付支出 298 亿元，同比增长 11.19%。在产品报备方面，2019 年人身险产品共开发报备约 2000 款，回归到 2018 年之前的报备水平①。

人身险保费规模的突破得益于多个因素。一方面，由于我国经济下行压力较大，利率长期维持低位，消费者对保险产品的需求持续提升，各保险公司积极匹配产品以获取保费。另一方面，传统大型保险公司开始更加注重代理人渠道的发展，积极改善代理人团队的质量，以实现该渠道的可持续发展；中小型公司则依靠银保渠道实现了年金险的销售复苏，互联网渠道亦方兴未艾，多渠道并进的局面带来了市场整体保费规模的回暖。

在人身险市场稳定发展的同时，我国人均 GDP 在 2019 年首次超过 1 万美元。全球发达保险市场的发展经验表明，当一个国家和地区人均 GDP 达到 1 万美元时，居民对保险的需求会迎来高速增长。因此，我们有理由期待我国保险业将迎来新的发展阶段。此外，行业监管政策助力行业销售，重疾新定义有望正式出台，这又将催生一批新的重疾险产品，为保险销售增添活力。

与此同时，科技赋能产品创新为保险行业带来了增量市场。随着科技的飞速发展，保险的用户价值和用户体验在不断升级。保险科技可以完成

①2018 年全年新报备产品总数达到 4000 多款，其中新报备的各类人身保险产品数量均较大。其主要原因是银保监会于 2018 年 4 月 28 日颁布了《关于组织开展人身保险产品专项核查清理工作的通知》（银保监办发〔2018〕19 号），各人身险公司对各自的在售存量产品进行全面梳理核查并重新报备。因此，在各分报告中不再一一赘述。

全渠道消费者反馈数据的高效解读，助力保险企业提高消费者体验和满意度，提升其转化与留存，实现高质量的收入增长。结合场景催生的保险产品生态，从消费者的角度进行产品设计，重新定义了保险服务。不仅可以根据个性化需求提供不同的风险保障方案，还能配套保险产品提供相关的各种增值服务，同时增强了用户黏性。保险从业机构需要保持对技术的敏感度，以应对科技发展带来的挑战和机遇。

在保险业的未来发展中，监管者、保险企业和保险科技公司三者之间的联系将会更加紧密，更多的新兴技术将融入保险领域中改变行业业态。

## 二、报告主要研究目的

对比2019年的报告，可以看到2019年的人身保险市场持续充满活力，新涌现的产品在形态上更加多样，产品设计方面也尝试针对不同的场景进行定制。保险公司根据消费者的健康状况等指标对人群进行细分，提供更具针对性和价格竞争力的产品。更有个别公司针对特定人群开发专属产品，为不同消费者提供个性化的选择。

本系列报告通过对保险产品设计特征、产品创新动向的长期追踪，洞察人身险市场的发展方向，从而帮助保险公司了解市场变化，更好地设计产品，同时也帮助消费者选择符合自身保障需求的保险产品，这也正是本系列报告计划进行长期持续性研究的初衷。

## 三、报告构成

本报告由总报告、分报告和专题报告构成。总报告为产品对比分析结论汇总；分报告作为主报告的详细展开，对2019年市场上热门的定期寿险、终身寿险、重大疾病保险、年金保险、万能保险、投资连结保险、中端医疗保险进行了详细调研和分析，对不同产品性价比进行了评级，并总结了各类产品的发展前景；专题报告针对老年医疗保险进行具体分析研究。

## 四、数据来源及研究方法

本报告共收集了2019年新开发的近千款在售主流产品，研究数据均来自市场公开信息，如产品条款、产品费率、保险公司产品宣传册和投保书问询等。

本报告延续了往年报告的研究方法，对人身保险产品进行分类，针对不同类别的人身保险产品，我们利用自主开发的定价系统，根据每一款保险产品条款中描述的保险责任进行一一建模，开展保险产品价格量化评级。

在保障型寿险和健康险的产品评级分析中，我们发现直接比较同类产品的原始费率无法明确判断保险产品的价值水平。建立标准统一的产品评级体系，将产品的责任设置与其风险经验一一对应，才能帮助消费者看清保险产品的市场定位。若仅考虑价格因素，大型公司的保障类险种价格相对较高，中小型公司的互联网产品价格相对较低，这样的比较很难从本质上说明产品的差异，所以除了价格维度以外，在产品评价分析中还应考虑保险公司的综合实力、财务状况和服务水平等因素。遵循这一思路，本报告结合多维度数据对保险产品进行综合评级，结果显示大中型公司的保障型保险产品综合评级显著提高，更准确地反映了保险产品的综合性价比。

另外，对比不同产品的关键要素，我们找到了一些容易被忽略却很重要的产品设定，例如责任免除、投保须知和健康告知等细节，并对这些产品设定进行了对比点评。通过追踪这些往往被忽略的部分，我们能够找出产品之间的重要差异，从而帮助消费者甄别出优质的人身险产品。

本报告的评级采用星级评级方式，共划分为 5 个星级。星级评级是基于对人身险产品保费、条款、公司综合能力的定量与定性分析，旨在为消费者提供一个专业的保险产品评价体系，评级结果反映了当前人身险产品在市场上的综合表现。本报告的星级评级只作为人身险产品的对比分析建议，帮助消费者理解产品，不能作为消费者决定购买的最终意见。

## 五、研究结果与建议

这里我们将各类产品分报告的主要研究结果给出概括性的总结并提出相关的建议。

## （一）保障型寿险产品

1. 保障型寿险产品定价激进，整体市场隐含风险

为提高产品的市场竞争力，部分公司采取激进的定价策略。一方面，保险公司的负债成本因此长期居于高位，在经济增长放缓、市场利率走低的大环境下，保险公司的投资收益能否覆盖负债成本有待检验。另一方面，利差损风险将进一步打压保险公司的偿付能力，多家小型保险公司的偿付能力已经逼近红线，购买产品的消费者也将因此面临利益受损的风险。对行业而言，坚持开发新型保障型寿险产品是对市场良性发展的推动，但同时应避免恶性竞争，共同促进保险业公平竞争、健康发展。

2. 提高保障型寿险产品渗透率，切实匹配消费者保障需求

保障型寿险包括定期寿险和终身寿险，二者均为传统型保险产品，提供了消费者基本的人生保障。目前我国寿险市场渗透率仍相对较低，随着保险市场逐渐成熟，寿险公司对客户需求的把握将越发重要。在“保险业姓保、回归本源”的政策引导下，受大众富裕阶层的崛起、人口老龄化等因素影响，定期寿险未来的发展空间巨大。

优选定期寿险作为新型定期寿险产品，自上市以来备受保险公司热捧和消费者的关注。其根据被保险人的健康状况以及吸烟状况等因素，较好地实现了差异化定价并引入了价格优势。但是，由于产品流程复杂，较难理解和无序竞争等原因，优选定期寿险的普及度与普通定期寿险相比远远不足。在这种情况下，保险公司应加大优选定期寿险的推广和相应知识普及，积极开发优选产品，获取优质客户。

而在终身寿险方面，受银保监会下调普通年金产品的预定利率影响，增额终身寿险产品逐渐成为市场主流。作为兼具死亡保障和投资储蓄性质的新型保险产品，增额终身寿险为消费者提供了具有可靠收益的终身保障。未来，这种具备多重性质的保险产品将是行业新的发力点。保险公司在开发产品时应从市场需求出发，切实解决消费者的保障需求。

## （二）重大疾病保险产品

### 1. 产品更迭加速，盲目创新不可取

2019 年新报备的重疾险产品重疾责任平均保障病种超过 100 种，包含中症和轻症责任的产品数量逐年增加，分组多次给付的形式也更加普遍。重疾险产品呈现出迭代速度加快，责任设计复杂化的局面。总体而言，多数产品的责任演进对消费者更加有利，能够提供更多的保障。但与此同时，市场上的部分产品为了吸引消费者购买、提高自身竞争力，在产品设计上存在着一些不合理的创新，由此产生的赔付风险是否真正可控，以及市场对该产品的认可度和接受度如何，都有待检验。

### 2. 病种定义仍需进一步规范

随着重疾险涵盖病种的增加，25 种标准外重疾的定义差异度较大，规范性有待提高。同一病种在不同产品条款中定义不同，口径宽窄不一。此外，病种定义还存在拆分、合并、重叠等现象；个别产品的病种定义约定宽松，逆选择风险较高，易产生理赔漏洞，造成经验发生率偏离。病种定义仍需进一步规范。

3. 重疾险与健康管理服务紧密结合，产品形态有望创新

2019 年 10 月，银保监会发布新修订的《健康保险管理办法》（简称《办法》），鼓励保险公司将健康保险产品与健康管理服务相结合，规定保险公司提供的健康管理服务既可以纳入健康保险合同，也可以单独列出；并规定现行的健康管理服务成本分摊成本不得超过净保费的 20%。《办法》的施行意味着健康险产品中健康服务的作用将不断加重，管理健康服务的能力将显著提升。

## （三）年金保险产品

2019 年，在市场利率持续走低的大环境下，预定利率为 4.025% 的年金保险产品备受关注。然而，由于该类产品隐藏着巨大的利差损风险，2019 年 8 月，银保监会印发《关于完善人身保险业责任准备金评估利率形成机制及调整责任准备金评估利率有关事项的通知》，宣布“对 2013 年 8 月 5 日及以后签发的普通型养老年金或 10 年以上的普通型长期年金，将责任准备金评估利率上限由年复利 4.025% 和预定利率的小者调整为年复利 3.5% 和预定利率的小者”。直至 2019 年年底，4.025% 预定利率的年金保险产品被彻底叫停。该项新规在引导行业重回理性上起到重要作用，进一步促进年金保险产品回归保障功能。

在推出高预定利率年金保险产品的同时，也有保险公司从年金期限上着手设计新的产品形态，例如将年金期限缩短，并搭配万能主险销售。然而，这种定期型年金与万能账户组合而成的保单实际上储蓄功能大于保障功能。年金保险的初衷是为了解决养老和教育问题，如若无法保障被保险

人的养老或教育资金需求，年金保险也就无法扮演其本应担当的角色。当然，年金保险可能是利率最敏感的人身产品，在利率下行的环境下，或者是长期低利率的环境下如何开发对投保人和保险公司双赢的产品是一个全球保险业的长期问题，我国也应该开始正视这个问题，积累相关的经验和研究。

### （四）账户型保险产品（万能保险产品和投资连结保险产品）

在全球低利率趋势持续深化的背景下，账户型保险产品凭借其较高的收益获得了许多投保人的青睐。具体地，万能险缴费灵活、收益可观，能够帮助投保人实现全生命周期的财务平滑，并实现保值增值；投连险则将保险产品与资本市场相结合，在提供保障功能的同时实现更高的收益。根据统计分析数据，2019 年的账户型保险产品收益较为可观且相对稳健，总体风险可控。

从保险公司的角度而言，应在风险可控的原则下提升保险资金的投资收益率。在产品开发的过程中时刻坚持“保险业姓保”的行业基调，坚守保险的风险保障功能，明确保险在资产配置中的定位。根据不同人群的需求有侧重地进行产品开发，并正确引导投保人选择与自身情况相匹配的保险产品，从而实现账户型保险“集保障和收益于一身”的产品特性。

从消费者的角度而言，在选购账户型保险产品时，首先应明确各产品的预期收益和潜在风险。保险是一个长期的资产匹配手段，若选择了高风险账户下的保险产品，就要承担短期账户有亏损的不确定性。因此，消费者应建立良好的保险意识，明确自己的保险需求，结合自身的风险承担能力与资产配置比例，本着“先保障，后收益”的原则来购买账户型保险产品。

## （五）中端医疗保险产品

2019 年，“百万医疗”市场持续火爆。随着科技持续赋能保险行业，中端医疗险通过互联网营销渠道逐步实现精准投放。在大数据算法加持下，个性化的保险产品层出不穷，面向特定人群设计的中端医疗险也成为可能，加强了全社会的保障水平。此外，越来越多的保险公司与医院、体检中心及第三方健康管理机构建立合作，共同构建医疗服务的闭环，为消费者提供一站式服务。

与此同时，中端医疗险产品的规范化问题也不容忽视。由于保险产品条款通常涉及大量的专业词汇，健康险产品的责任设置相较于其他类型保险产品更加复杂且难以理解。保险公司应尽量将产品核心责任标准化、通俗化，在必要时辅以示例帮助消费者理解。此外，随着健康险中的医疗服务项目逐渐多样化，针对商业医疗险产品制定一般性的医疗服务项目将有助于规范管理健康险产品，同时也有利于提高保险公司开发设计医疗险产品的效率。

# 分报告一
# 定期寿险产品市场调研报告

## 一、定期寿险产品市场状况

### （一）定期寿险产品市场发展状况

根据银保监会保险业经营数据显示，2019 年我国人身险业务总保费为 30995 亿元，同比增长 13.8%，恢复到了 2014—2017 年高速增长的水平，其中寿险业务总保费为 22754 亿元，同比增长 9.8%，增速与 2018 年的负增长相比有所反弹。

作为寿险的重要分支，近年来定期寿险凭借其性价比高，杠杆高，保障性强等优势，赢得了消费者的青睐，呈现出蓬勃发展的趋势。

一方面，得益于监管趋严和政策支持，定期寿险在 2019 年步入快速发展阶段。特别是银保监会下发《关于组织开展人身保险产品专项核查清理工作的通知》后，定期寿险产品发展趋于理赔材料简化，给付条件简化，且身故保险金不再分期给付。简化后的产品对于消费者的理赔门槛更低，也更好地满足了消费者用较低保费转嫁风险的需求。

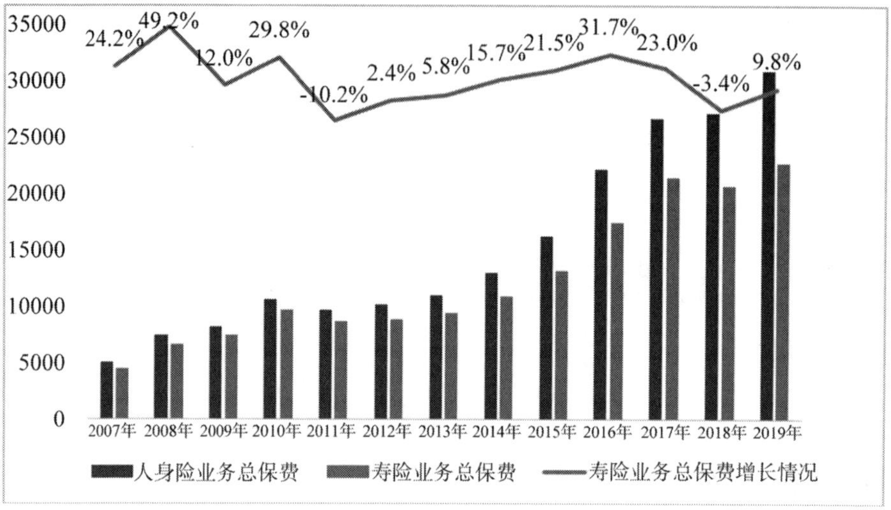


图 1　2007—2019 年人身险业务和寿险业务总保费增长情况

除了产品的不断优化，另一方面，凭借互联网平台的流量及便捷投保的优势，在消费者保险意识逐渐增强的大背景下，定期寿险的线上销量以逐年翻番的速度增长，在众多互联网平台上已成为一条重要的产品线。

随着定期寿险市场的高速发展，产品之间的竞争更加激烈。这不仅体现在价格层面，还表现在产品的差异化竞争，例如优选定期寿险的推广。此外，免体检保额、等待期设置、责任免除条款、健康告知、优选费率因子和优选等级的细分程度等都成了产品差异化竞争的竞技场。表面上看是简单的核保规则和责任设置竞争，但背后实际上是公司运营和风控能力的比拼。

定期寿险在互联网渠道的销量虽然与日俱增，但从整体销售水平来看，目前网销渠道的销量与传统渠道相比还是相去甚远。因此，定期寿险仍有较大的市场空间亟待发掘。

## （二）定期寿险产品报备情况

根据银保监会人身险报备产品数据统计，2019 年个人人寿保险报备总数约为 430 个；其中定期寿险 107 个，占所有报备人寿保险产品数量的 25%[①]。新报备的个人定期寿险产品占人寿保险产品比例在过去3年里持续上升，并达到了过去 10 年里最高点，数据从侧面反映出定期寿险市场在 2019 年竞争加剧，产品更新速度加快。

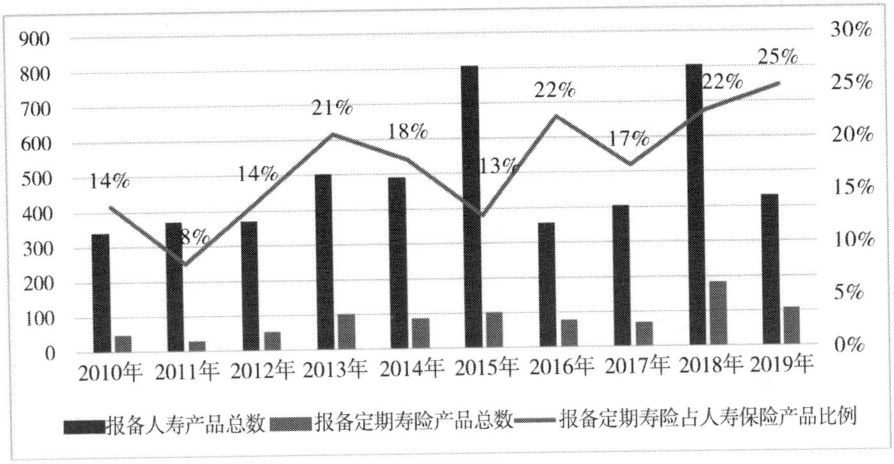


图 2　2010—2019 年定期寿险产品报备情况[②]

在分析的所有定寿产品中，传统类型[③]的定期寿险占比 61%，且大部分都采用了差异化定价费率。产品开发场景化的趋势日益明显，减额定寿、借款人定寿等产品数量明显增加。

---

① 报备产品数据统计截止日期为 2019 年 11 月中旬。

② 由于统计口径差异，本报告中历年报备的各类保险产品总数存在与《2018 中国人身保险产品研究报告》中的数值不一致的情况，以下不再赘述。

③ 传统类型的定期寿险：指不是针对特定人群的或者特殊责任的定期寿险产品。

### （三）定期寿险产品数据分析来源

《分报告一——定期寿险产品市场调研报告》的分析数据均来自市场公开信息，如产品条款，产品费率等。本分报告后续的统计分析基于75款报备年度为2019年的定期寿险产品。

## 二、定期寿险产品特征分析

本分报告对2019年市场上新上市的主流定期寿险产品进行分析。

### （一）保险责任

定期寿险保险合同包括的主要责任为身故和全残。身故（全残）责任为被保人在保险期间内身故（全残），得到身故（全残）保险金赔付。在2019年报备的定期寿险产品中，同时提供身故和全残保障的定期寿险占比为82%，其余定期寿险仅提供身故责任保障。

### （二）免责条款

2019年报备的定期寿险产品中，超过半数的免责条款数量为3条，超过7成的免责条款不超过4条。免责条款数量的统计结果如表1所示。

表 1　定期寿险产品免责条款数量统计[①]

| 免责条款数量 | | 3 条 | 4 条 | 5 条 | 6 条 | 7 条 |
|---|---|---|---|---|---|---|
| 比例 | 2018 年 | 13% | 17% | 13% | —— | 57% |
| | 2019 年 | 55% | 18% | 8% | 3% | 16% |
| 变化趋势 | | ↑ | ↑ | ↓ | —— | ↓ |

免责条款的平均数量从 2018 年的 6 条下降到了 2019 年的 4 条，证实了定寿产品免责条款在数量上有明显的减少趋势。经单项免责条款拆解后（见表 2），统计的所有定寿产品的免责条款都包括了被保人自身和投保人对被保人的故意行为（1—3 条）；只有极个别的免责条款是由两个或两个以上的单项免责条款合并组成。

表 2　定期寿险产品标准免责条款情况统计

| 免责条款 | | 比例 | | 变化趋势 |
|---|---|---|---|---|
| | | 2018 年 | 2019 年 | |
| 1 | 投保人对被保险人的故意杀害、故意伤害 | 100% | 100% | → |
| 2 | 被保险人故意犯罪或者抗拒依法采取的刑事强制措施 | 100% | 100% | → |
| 3 | 被保险人在本合同成立日或最后复效日（以较迟者为准）起两年内自杀，但被保险人自杀时为无民事行为能力人的除外 | 93% | 100% | ↑ |
| 4 | 被保险人主动服用、吸食、注射毒品 | 83% | 53% | ↓ |
| 5 | 被保险人酒后驾驶，无合法有效驾驶证驾驶，或驾驶无有效行驶证的机动车 | 80% | 50% | ↓ |
| 6 | 战争、军事冲突、暴乱或武装叛乱 | 63% | 34% | ↓ |
| 7 | 核爆炸、核辐射或核污染 | 63% | 24% | ↓ |

① 由于四舍五入，本报告所有统计表的产品比例之和可能与 100% 略有差别。

部分产品针对意外身故或意外交通工具身故责任添加了额外的免赔限制：如药物滥用、整容手术、高危运动和被保险人精神障碍等被列入免赔。其中第7条和第8条为航空意外导致的身故或全残的相关免责条款。添加的具体免责条款如下：

（1）被保险人猝死；

（2）被保险人因流产、分娩；

（3）被保险人因整容手术或者其他内、外科手术导致医疗事故；

（4）被保险人未遵医嘱，私自服用、涂用、注射药物；

（5）被保险人参加潜水、跳伞、攀岩、驾乘滑翔机或滑翔伞、探险、摔跤、武术比赛、特技表演、赛马、赛车等高风险运动；

（6）被保险人的精神和行为障碍；

（7）违反承运人关于安全乘坐的规定；

（8）违反交通管理部门规定的行为。

从2019年报备的定期寿险产品总体来看，过半数产品（55%）将免责条款数量设定为3条。尽管部分产品由于承担了额外的赔偿责任而增加相应的免责条款数量，对于定期寿险（不包含意外赔偿责任）来说，未来的免责条款数量将呈现一个递减的趋势，并逐步向3条靠拢。

## （三）普通条款

### 1. 投保年龄

定寿产品最低投保年龄统计结果见表 3。2019 年只有 3% 的定期寿险将最低投保年龄设为 0 周岁。绝大多数（87%）定期寿险将最低被保险人年龄设定为 18 周岁，该比例相较于 2018 年的数据有小幅增加。

表 3　定期寿险产品最低投保年龄统计

| 最低投保年龄 | | 0 周岁 | 18 周岁 | 20 周岁 | 其他 |
|---|---|---|---|---|---|
| 比例 | 2018 年 | 12% | 79% | 6% | 2% |
| | 2019 年 | 3% | 87% | 5% | 5% |
| 变化趋势 | | ↓ | ↑ | ↓ | ↑ |

定寿产品最高投保年龄统计结果见表 4。与 2018 年相比，最高投保年龄的范围扩至 40—70 周岁之间。

表 4　定期寿险产品最高投保年龄统计

| 最高投保年龄 | | 40 周岁 | 45 周岁 | 50 周岁 | 55 周岁 | 60 周岁 | 65 周岁 | 70 周岁 | 其他 |
|---|---|---|---|---|---|---|---|---|---|
| 比例 | 2018 年 | —— | 3% | 21% | 30% | 24% | 18% | —— | 4% |
| | 2019 年 | 3% | 3% | 18% | 21% | 39% | 8% | 3% | 5% |
| 变化趋势 | | —— | → | ↓ | ↓ | ↑ | ↓ | —— | ↑ |

### 2. 保险期间

定期寿险产品的保险期间可以大致分为两类，固定期限或至固定年龄。大部分定期寿险产品为了满足投保人的不同需求，提供了多种保险期间。在固定期限中，20 年和 30 年固定保险期间最为常见；在保障至固定年龄中，保障至 70 周岁最为常见。相比于 2018 年，保险期间的选择更加多样化。具体保险期间统计结果见表 5 和表 6。

表 5 定期寿险产品固定期限保险期间统计

| 保险期间 | | 5 年 | 6 年 | 10 年 | 15 年 | 20 年 |
|---|---|---|---|---|---|---|
| 比例 | 2018 年 | 9% | —— | 57% | 22% | 84% |
| | 2019 年 | 3% | 5% | 26% | 13% | 76% |
| 变化趋势 | | ↓ | —— | ↓ | ↓ | ↓ |
| 保险期间 | | 25 年 | 30 年 | 2–30 年 | 其他 | |
| 比例 | 2018 年 | 6% | 78% | —— | 2% | |
| | 2019 年 | 13% | 76% | 3% | 8% | |
| 变化趋势 | | ↑ | ↓ | —— | ↑ | |

表 6 定期寿险产品保障至固定年龄保险期间统计

| 保险期间至 | | 40 周岁 | 45 周岁 | 50 周岁 | 55 周岁 | 60 周岁 | 65 周岁 | 66 周岁 |
|---|---|---|---|---|---|---|---|---|
| 比例 | 2018 年 | —— | —— | 4% | 21% | 76% | 31% | 1% |
| | 2019 年 | 3% | 3% | 3% | 3% | 68% | 32% | 3% |
| 变化趋势 | | —— | —— | ↓ | ↓ | ↓ | ↑ | ↑ |
| 保险期间至 | | 70 周岁 | 75 周岁 | 77 周岁 | 80 周岁 | 88 周岁 | 99 周岁 | 100 周岁 |
| 比例 | 2018 年 | 73% | 4% | 1% | 21% | 7% | —— | 1% |
| | 2019 年 | 71% | 3% | 3% | 26% | 8% | 8% | 2.6% |
| 变化趋势 | | ↓ | ↓ | ↑ | ↑ | ↑ | —— | ↑ |

3. 交费方式

定期寿险的交费方式和交费期间相匹配，一般分为趸交、固定交费期限或交费至固定年龄。定期寿险的特点之一是一般会提供和保险期间相同的交费方式，如保险期间为 30 年则交费期间也为 30 年。交费方式统计结果见表 7 和表 8，可以看出交费期限有延长的趋势。

表 7　定期寿险产品固定交费期限统计

| 交费方式 | | 趸交 | 3 年 | 5 年 | 10 年 | 15 年 | 20 年 | 25 年 | 30 年 |
| --- | --- | --- | --- | --- | --- | --- | --- | --- | --- |
| 比例 | 2018 年 | 52% | 20% | 59% | 97% | 41% | 98% | 11% | 67% |
| | 2019 年 | 34% | 5% | 45% | 79% | 18% | 82% | 16% | 63% |
| 变化趋势 | | ↓ | ↓ | ↓ | ↓ | ↓ | ↓ | ↑ | ↓ |

表 8　定期寿险产品交费至固定年龄统计

| 交费期至 | | 60 周岁 | 65 周岁 | 70 周岁 | 其他 |
| --- | --- | --- | --- | --- | --- |
| 比例 | 2018 年 | 27% | 8% | 14% | 14% |
| | 2019 年 | 13% | 8% | 5% | —— |
| 变化趋势 | | ↓ | → | ↓ | —— |

4. 犹豫期

从统计结果来看，2019 年定期寿险产品的犹豫期更多采用 20 天（68%）。与 2018 年相比，犹豫期天数呈现出加长的趋势。这一改变对投保人更加友好，给予其更多的考虑时间。犹豫期统计结果见表 9。

表 9　定期寿险产品犹豫期天数统计

| 犹豫期 | | 10 天 | 15 天 | 20 天 |
| --- | --- | --- | --- | --- |
| 比例 | 2018 年 | 40% | 52% | 7% |
| | 2019 年 | 8% | 21% | 68% |
| 变化趋势 | | ↓ | ↓ | ↑ |

5. 等待期

等待期统计结果见表 10。

表 10　定期寿险产品等待期统计

| 等待期 | | 30 天 | 60 天 | 90 天 | 180 天 | 其他 |
| --- | --- | --- | --- | --- | --- | --- |
| 比例 | 2018 年 | —— | —— | 39% | 51% | 10% |
| | 2019 年 | 3% | 5% | 79% | 13% | —— |
| 变化趋势 | | —— | —— | ↑ | ↓ | —— |

从统计结果来看，2019 年定期寿险产品的等待期天数有明显下降的趋势。等待期为 90 天的定期寿险产品占绝大多数（79%），同时新增了 30 天和 60 天的等待期，这样的设置对被保险人更加友好。

等待期内的责任设置最常见的方式为，“等待期疾病身故返保费，意外身故给付保额”，该类型占比 77%。个别产品等待期不区分疾病和意外身故，均退还保费。此外，有些产品加入了提高等待期内疾病身故责任的设计，例如“若被保险人等待期内因疾病身故，给付 120% 已交保费”。个别产品甚至无等待期设置，只要被保险人身故，保险公司便给付基本保额。

## （四）投保规则

投保规则是投保人在填写投保单时的一些要求和规则，往往容易被忽略，一般通过“投保须知”或“健康告知”来反映，其中包括了投保时的一些具体要求，例如职业类别限制，健康告知、最高保额以及其他限制等。如果不能做到如实健康告知，在两年不可抗辩期内，保险公司可能会因为投保人未如实告知而拒绝赔付保险金额。

从调研的定期寿险产品来看，投保规则特别是健康告知部分存在较大差异。一些不能构成保险公司加费因素的健康项目存在于健康告知里，作为健康告知排除项，如此严格的要求对被保险人而言不是很合理。调研显示，健康告知的复杂性使得其标准化势在必行。

1. 职业类别限制

一般情况下，定期寿险对职业类别不进行限制，职业类别限制主要用于意外险。保险行业一般将职业类别分为 6 类，但是没有统一的分类，各家公司有自己的分类规定，但大抵相仿。由于很多定期寿险包含了全残责任，所以大部分定期寿险对于高风险的职业（部分 5 类和 6 类职业）进行了限制，或拒保或加费。网销热门产品大多对高风险职业进行了限制。职业类别的限制通过“投保须知”或“健康告知”来实现。

**职业类别划分**

1—3类为低风险职业。包括纯文职人员，从事非体力劳动人员；从事少量体力劳动非纯文职人员；包装工人、新闻杂志业装订工等。

4类为中度危险职业。长途客运司机、砌筑工人、建筑水电工（室内）、生产线制造工人、农牧业人员、沿海养殖工人、内陆捕鱼人、护林员等。

5—6类为高度危险职业。高楼外部清洁工、危险品运输司机及随车人员；拖拉机驾驶人员；铁路道路铺设工、修路工；码头工人及领班；矿业采石业坑外作业人员；港口作业吊车、堆高机、起重机操作员；海水浴池救生员；现金押运员、司机、森林砍伐业伐木工人、锯木工人、装运工人；造修船业工人；高速公路工程人员；道路清洁工；刑警、特警；消防队队员；警校学生等。

2. 保额限制

定期寿险具有高杠杆率这一特征，也就是说通过付出较少的保费就可以得到高保额的保障。近年来，免体检保额也在逐步升高：2019年，北上广等经济发达地区的公司的定期寿险中，0—40岁被保险人的免体检保额都在100万元以上，有的甚至可以达到300万元；40岁以上，或其他地区的免体检保额也都达到了50万元。此外，有些保险公司通过邮件或其他智能核保系统等创新方式来提升免体检保额。

对于提供体检报告的定期寿险，在财务核保规则下，保额一般不超过年收入的10—20倍。当前市场上的保额可以做到2000万元，甚至更高。

3. 健康告知

健康告知是投保人在投保时填写的关于被保险人的基本情况、健康状况等的问卷，作为保险公司是否决定承保的重要依据。基本情况主要指一些可能反映被保险人身体状况的基本信息，比如身高体重、是否怀孕（被保险人为女性）、是否早产（被保险人为儿童）、是否抽烟与饮酒、是否吸毒或药物滥用等。针对被保险人的健康状况，具体信息大致包含以下4个方面：疾病、检查异常、身体异常、住院和门诊历史。

在定期寿险中，健康告知主要调查被保险人是否患有或曾患有严重疾病、是否怀孕（被保险人为女性）、过往投保额度和被加费拒保历史等。根据不同定期寿险产品，对健康告知的要求也不同，有的公司较为严格，有的公司较为宽松。常见的健康告知为：

（1）被保险人是否患有或曾经患有或已经被告知有下列疾病：性质不明的结节或肿块、恶性肿瘤、脑血管疾病、脑外伤严重后遗症、心脏疾病（心功能不全II级以上）、高血压（II级以上）、糖尿病、冠心病、心肌梗死、呼吸衰竭、肺心病、严重肝病（如肝硬化、慢性活动性肝炎）、慢性肾脏疾病、肾功能不全、再生障碍性贫血、癫痫、系统性红斑狼疮、性传播疾病、白血病、慢性酒精中毒、精神疾病、智力障碍、阿尔兹海默氏病（老年痴呆或早老年痴呆症）、帕金森氏病、重症肌无力、多发性硬化症、失明、瘫痪、先天性疾病、遗传性疾病、接受器官移植；身体畸形或残疾；艾滋病患者或艾滋病毒携带者，曾经或正在吸毒？

（2）（妇女适用）被保险人现在是否怀孕？

（3）是否有其他保险公司的寿险产品正在申请中或保单已生效，且与本次投保的保额累积超过 xxx 万元人民币？被保险人是否曾被保险公司拒保、延期承保、附加条件承保、加费或解除过保险合同？

个别公司对良性肿瘤，如“体表或体内肿块、息肉、结节、囊肿”或“甲状腺结节”等非严重疾病进行了限制。这种限制对于定期寿险来说有点过于严格。

有些定期寿险虽然没有区分吸烟人群和非吸烟人群，但是在健康告知中限制重度吸烟人群，例如“被保险人每日吸烟是否达到 40 支以上”等类似的描述。

如果健康告知一切正常，核保会顺利通过，也就是说保险公司会正常承保；如果健康告知存在轻微异常，提交资料后，核保部门判断风险影响较小，也会正常承保；如果健康存在严重异常，核保部门判断风险影响较大，可能导致三种结果：

- 加费承保：保险公司在标准保费的基础上，增收一定程度的保费承保。

- 除外责任承保：保险公司把保险合同中的某些保障利益除外，或者另外附加相关条件承保。
- 拒绝承保：保险公司认为被保险人风险过高，无法承保。

在目前的互联网保险产品中，有一部分产品只要某一项健康告知内容存在异常就无法投保，另一部分产品则更加人性化，会安排代理人与投保人联系进行体检等人工核保程序。

4. 其他限制

有的定期寿险产品对高风险运动进行了限制，如果投保人参与了高风险运动，将无法投保。高风险运动也是通过“投保须知”或“健康告知”进行限制，其基本限制与因意外导致的身故或全残的额外免责条款类似，可以说变相地对高风险运动进行了排除。基本写法是：“被保险人是否有危险嗜好或从事危险活动，如赛车、登山、攀岩、滑雪、蹦极、跳水、潜水、跳伞、水上运动、拳击、武术、摔跤、驾驶航空机、探险或特技活动以及其他高风险活动？”

## 三、定期寿险产品比较分析

为了比较不同寿险产品价格的变化情况，我们对2019年市场上部分普通定期寿险产品进行抽样价格对比。依据2019年各保险公司的保费规模，我们将保险公司分为：大型公司、中型公司和小型公司。分别从三类公司中抽取2—3个主流产品，选取被保险人为30周岁男性，基本保额为1000元，保险期间为30年或至60周岁，缴费期限为20年的定期寿险产品的费率，对比结果见表 11。

表 11　三类公司定期寿险产品对比

| 公司分类 | 产品 | 千元保额费率 | 价格评级 |
|---|---|---|---|
| 大型公司 | 产品 A | 3.43 | ★★★ |
| | 产品 B | 1.96 | ★★★ |
| 中型公司 | 产品 C | 1.74 | ★★★★ |
| | 产品 D | 1.96 | ★★★ |
| | 产品 E | 1.57 | ★★★★★ |
| 小型公司 | 产品 F | 1.33 | ★★★★★ |
| | 产品 G | 1.46 | ★★★★★ |
| | 产品 H | 2.03 | ★★★ |

定期寿险的产品利益一般只有简单的身故（全残）责任，理论上同等条件只需直接比较产品价格即可。然而，由于各公司产品责任设计不同、等待期长短和等待期内责任的设置不同、健康告知和免责条款内容不同，直接比较价格不能完全反映产品的真实性价比，因此我们按照自建定价系统对产品逐一进行了重新定价，并以重新定价后的数据为基准对产品进行对比分析，将各产品放到了同一个可比标准中进行评级（见表 11）。该结果反映了产品的各项特性，体现了产品的真实性价比。

通过对比可以看到，价格评级整体基本与费率水平相对应，大型公司的保险产品定价较高，因此对应评级相对较低；而中小型公司的保险产品定价更为激进，对应的评级相对较高。产品 A 的费率虽然显著高于产品 D，但二者的价格评级星级却相同，其原因就在于产品特性中的设计所导致的价格差异。

接下来我们选取了 8 款优选定期寿险产品与上述普通型定期寿险产品进行对比分析，分析结果见表 12。

表 12　优选定期寿险产品对比

| 公司分类 | 产品 | 千元保额费率（最优体） | 价格评级 | 千元保额费率（最差体） | 价格评级 |
|---|---|---|---|---|---|
| 大型公司 | 产品 I | 1.64 | ★★★★★ | 2.75 | ★★★ |
| | 产品 J | 1.85 | ★★★★ | 2.18 | ★★★★ |
| | 产品 K | 1.43 | ★★★★★ | 3.49 | ★★★ |
| 中型公司 | 产品 L | 1.60 | ★★★★★ | 3.28 | ★★★ |
| | 产品 M | 1.68 | ★★★★ | 1.76 | ★★★★ |
| 小型公司 | 产品 N | 1.69 | ★★★★ | 1.86 | ★★★★ |
| | 产品 O | 1.39 | ★★★★★ | 1.94 | ★★★★ |
| | 产品 P | 1.39 | ★★★★★ | 1.55 | ★★★★★ |

从表 12 中可以看出，对于低风险人群，优选定期寿险产品不论从费率还是价格评级都更优于普通定期寿险产品，但同时高风险人群面对的优选寿险价格也普遍高于非优选定期寿险产品。这样一来，不吸烟的优选体会更倾向于购买优选产品，而身体条件一般或较差的人群则会选择非优选产品，这也一定程度降低了保险公司面临的投保人逆向选择问题。可以预见，未来保险公司可以通过产品设计和核保差异对投保人群做进一步细分，为消费者提供更为廉价优质的产品。

## 四、定期寿险产品展望

### （一）市场仍然广阔，产品渗透率有待提高

“保险业姓保”，保障是保险业的根本功能。从大格局去考虑，定期寿险的意义以及发展空间巨大。但我国定期寿险的渗透率与国外相比差距甚远，主要存在两点问题。首先，从消费端来讲，消费者的保险意识仍需进一步的提升。保险从来不是一个简单的产品，至少目前这个阶段仍是“复杂”的。让消费者真正明晰保险功能、了解保险、相信保险是行业长期的工作，需要持续努力。其次，从销售端来讲，定期寿险目前主要发力于网销渠道，该渠道面向的群体普遍年轻化，仅能覆盖一部分定期寿险需求人群。而定期寿险在个险渠道，很可能由于佣金等实际问题，很难成为代理人的主推产品。

定期寿险是为数不多的产品责任简单且杠杆率高的保障型产品。以上两个问题需要行业的共同努力，向消费者传递正确的保险知识，向从业者传递正确的保险理念。定期寿险仍蓄力待发，市场仍然广阔。

### （二）优选定期寿险需继续推进

优选定寿市场上并不少见，但其实真正的“优选”却很少见。优选定寿的整体市场反馈平平，主要有以下三个原因：首先，真正的优选产品需要借助体检对被保险人的身体状况作出评估。但体检打破了购买流程，使购买受阻，这是保险销售端很难接受的。其次，消费者意识仍然欠缺，对

优选产品理解困难，且不愿意花费过多的时间成本。再次，定期寿险价格竞争激烈，优选产品虽然“便宜”，却很难与那些纯粹的低价产品竞争。

但优选定寿是一种发展趋势，需要行业不断推进。对行业而言，坚持开发优选定寿是对市场良性发展的正能量，避免出现劣币驱逐良币的现象，避免因信誉产生的行业系统性风险。对保险公司而言，“标准产品”市场竞争激烈，红海之争里更需要长期布局，开发优选产品，获取优质客户。所以，优选产品对消费者来说是一种健康激励，倡导的是一种健康的生活方式，真正实现保险激励健康、保险保障健康的目的。

# 分报告二
# 终身寿险产品市场调研报告

## 一、终身寿险产品市场状况

### （一）终身寿险产品市场发展状况

受市场投资风险加大、利率持续下行、养老金刚性需求增强等多方面因素的影响，以增额终身寿险为代表的终身寿险类产品在2019年迎来爆发式增长，得到了消费者的广泛关注。

2018年受《关于组织开展人身保险产品专项核查清理工作的通知》的影响，全年新报备产品总数达到4000多款，相较于2017年增加近85%。2019年人寿保险产品报备回归正常水平，因此虽然新开发的终身寿险产品数量有所减少，但在人寿保险产品中占比却有小幅增加。

从产品形态看，终身寿险产品没有发生太大改变，增额终身寿险仍是终身寿险产品中的主流，其中含有全残责任的增额终身寿险占大多数。2019年第四季度，银保监会发布通知，宣布“对2013年8月5日及以后签发的普通型养老年金或10年以上的普通型长期年金，将责任准备金评估利率上限由年复利 4.025% 和预定利率的小者调整为年复利 3.5% 和预定利率的小者”，与增额终身寿险产品持平。在这样的背景下，增额终身寿险凭借被保险人在生存期间可通过“减保”产生安全且充足现金流的特性，为消费者提供具有可靠收益的终身保障，使得大家对财富保值增值的需求进一步被激发，从而受到市场的青睐。

## （二）终身寿险产品报备情况

2019 年，保险公司报备个人终身寿险产品 127 个，占人寿保险产品总数的 30%。终身寿险产品在人寿保险产品中的占比呈逐年增加趋势。

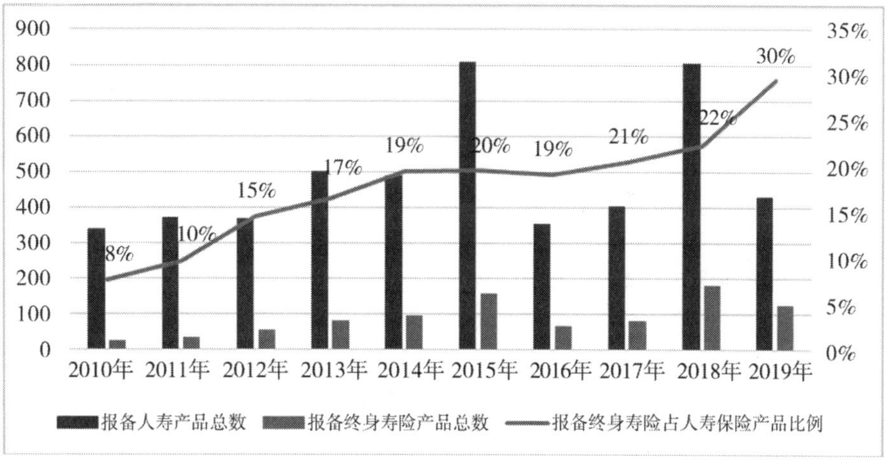


图 1　2009—2019 年终身寿险产品报备情况[①]

① 图 1 显示为截至 2019 年 11 月 18 日保险产品报备数量。本分报告中所指的个人终身寿险仅包括传统型的终身寿险且不包含附加险，所指的个人保险产品和人寿保险产品均不含附加险，故与 2019 年和 2018 年报告显示的数据有所不同。下文不再赘述。

### （三）终身寿险产品数据分析来源

《分报告二 ——终身寿险产品市场调研报告》的分析数据均来自市场公开信息，如产品条款、产品费率等。本分报告以下的统计分析结果基于60余款报备年度为2019年的终身寿险产品。

## 二、终身寿险产品分类

按照保额是否可变，终身寿险产品可划分为定额终身寿险和增额终身寿险。

定额终身寿险是指在保险期间内保额保持不变的终身寿险；增额终身寿险是指在保险期间内保额逐年增长的终身寿险。

## 三、终身寿险产品特征分析

本分报告对2019年市场上新出现的主流终身寿险产品进行分析。

### （一）保险责任

1. 主要责任

终身寿险保险合同包括的主要责任有身故和全残。身故（全残）责任，即被保险人在保险期间内身故（全残），得到身故（全残）保险金赔付。在2019年统计的终身寿险产品中，同时提供身故和全残保障的终身寿险占比为 66%，其余终身寿险仅提供身故保障。

同时，2019 年统计的终身寿险产品中，约 66% 的产品是增额产品，即有效保额会在基本保额的基础上以一定比率随保单年度数增长。增额产品中，约 68% 的产品增额率为每年 3.5%。对于 2019 年统计的终身寿险产品，增额含全残责任类产品比例有较大幅上升，其余 3 类比例均有所下降。终身寿险产品保险责任统计结果详见表 1。

表 1　终身寿险产品保险责任统计

| 保险责任 | 比例 | | 变化趋势 |
|---|---|---|---|
| | 2018 年 | 2019 年 | |
| 增额含全残 | 29% | 48% | ↑ |
| 增额无全残 | 27% | 18% | ↓ |
| 定额含全残 | 24% | 18% | ↓ |
| 定额无全残 | 20% | 16% | ↓ |

2. 其他责任设置

投保人身故或全残豁免保险费

投保人身故或全残豁免保险费指投保人在满足一定条件下身故或全残时，可免交自投保人身故或被确定全残之日起的续期保险费，已豁免保费视为已交，保险合同继续有效。

2019 年统计的终身寿险产品中，有 7 款产品提供了此项责任，同时要求投保人的身故或全残均为意外事故导致并设有年龄限制（如未满 60/70/75 周岁）。保费豁免的免责条款数量通常为 6—12 条不等。

意外[①]身故或全残额外给付

意外身故或全残额外给付是指被保险人遭受意外伤害事故，并因本次伤害事故直接导致被保险人在该事故发生之日起180日内身故或全残的，且被保险人身故或全残时满足一定条件（如已满18周岁），保险公司在给付一般身故或全残保险金的同时，按照合同约定额外给付意外身故或全残保险金。

2019年统计的终身寿险产品中，有11款产品提供了此项责任。

基本保额变更

基本保额变更是指投保人可申请增加或减少保险合同的基本保额。

统计的终身寿险中，单独将“增加基本保额”列为责任的有9款产品，其中1款产品在增保时无需提供健康声明且免体检。增加基本保额的产品对申请时间也有一定限制，如“本合同生效满两年后的交费期间内”。基本保额增加部分的保险费仍按被保险人原投保时的年龄计算，但需补交有关费用。

减少基本保额的产品中，基本保额减少的部分常视为退保，给付基本保额减少部分对应的现金价值。减少后的基本保额不得低于保险公司规定的最低金额。

保险费自动垫交

如果投保人选择保险费自动垫交方式，当保险费超过宽限期仍未支付时，合同现金价值将用于垫交保险费，所垫交的保险费视同保单借款。当

① 指一般意外、公共交通意外或航空意外。

所垫交的保险费达到合同现金价值时，合同终止。

减额付清

当投保人无法继续交费时，可申请将合同变更为减额付清保险。合同的基本保险金额将被重新计算，变更当时合同的现金价值作为一次性付清的保险费。

## （二）免责条款

免责条款一般包括被保险人或投保人的故意行为（如自杀）、不可抗力因素（如自然灾害）、犯罪行为或战争核爆炸等。

大部分公司设计免责条款时，直接采用行业协会标准化条款中寿险的7条免责条款，不进行改动或结合各自产品特点稍微改动。在2019年统计的终身寿险产品中，超过半数的产品免责条款①设计为7条。免责条款数量的统计结果如表2所示。

表2　终身寿险产品免责条款数量统计②

| 免责条款数量 | 比例 | | 变化趋势 |
|---|---|---|---|
| | 2018年 | 2019年 | |
| 3条 | 24% | 13% | ↓ |
| 4条 | 3% | 2% | ↓ |
| 5条 | 9% | 5% | ↓ |
| 6条 | 6% | 5% | ↓ |
| 7条 | 54% | 61% | ↑ |
| 7条以上 | 3% | 16% | ↑ |

① 指身故免责条款，统计数目为疾病身故免责条款数量与意外身故免责条款数量取大。
② 由于四舍五入，本报告一些统计表比例之和可能与100%略有区别。

部分公司会将标准免责条款中某两条或多条免责条款合并为一条，造成产品免责条款较少的假象。标准免责条款见表3。

表3　终身寿险产品免责条款情况统计

| 免责条款 | | 比例 | | 变化趋势 |
|---|---|---|---|---|
| | | 2018年 | 2019年 | |
| 1 | 投保人对被保险人的故意杀害、故意伤害 | 100% | 100% | → |
| 2 | 被保险人故意犯罪或者抗拒依法采取的刑事强制措施 | 100% | 100% | → |
| 3 | 被保险人在本合同成立日或最后复效日（以较迟者为准）起两年内自杀，但被保险人自杀时为无民事行为能力人的除外 | 100% | 100% | → |
| 4 | 被保险人主动服用、吸食、注射毒品 | 89% | 87% | ↓ |
| 5 | 被保险人酒后驾驶，无合法有效驾驶证驾驶，或驾驶无有效行驶证的机动车 | 88% | 85% | ↓ |
| 6 | 战争、军事冲突、暴乱或武装叛乱 | 100% | 82% | ↓ |
| 7 | 核爆炸、核辐射或核污染 | 100% | 82% | ↓ |

对于2019年统计的终身寿险产品，7条免责条款中4条比例有所下降，其余3条比例保持不变。这说明与2018相比，2019年终身寿险产品的免责条款设置更加规范清晰，避免对消费者产生误导。

## （三）普通条款

### 1. 投保年龄

大部分终身寿险的最低被保险人年龄为0周岁（7/28/30天），最高投保年龄限制在50—80周岁之间。少儿终身寿险的最高投保年龄均限制在17周岁，所以在表4、表5中暂不体现。2019年，最高投保年龄为60周岁和65周岁的占比有明显下降。由于2019年部分产品投保年龄相关信息暂时缺失，不明确投保年龄的产品占比相较往年有所增长。投保年龄统计结果见表4和表5。最高投保年龄为75岁的占比仍然很高，考虑到生命表在高年龄段数据的不平衡，这类产品的死亡率风险显著提高。

表4　终身寿险产品最低投保年龄统计

| 最低投保年龄 | | 0周岁 | 18周岁 | 其他 |
|---|---|---|---|---|
| 比例 | 2018年 | 86% | 13% | 1% |
| | 2019年 | 82% | 12% | 6% |
| 变化趋势 | | ↓ | ↓ | ↑ |

表5　终身寿险产品最高投保年龄统计

| 最高投保年龄 | | 60周岁以下 | 60周岁 | 65周岁 | 65至70周岁 | 70周岁 | 75周岁 | 75周岁以上 | 其他 |
|---|---|---|---|---|---|---|---|---|---|
| 比例 | 2018年 | 5% | 13% | 20% | —— | 38% | 13% | 12% | —— |
| | 2019年 | 13% | 7% | 10% | 4% | 38% | 11% | 4% | 6% |
| 变化趋势 | | ↑ | ↓ | ↓ | —— | → | ↓ | ↓ | —— |

2. 交费方式

大部分终身寿险的交费方式分为趸交和固定交费年限，并同时提供多种可选交费方式。相比于2018年统计的终身寿险，2019年统计的产品中没有出现提供交费至固定年龄的产品。由于2019年部分产品交费方式相关信息暂缺，不明确交费方式的产品占比较高。提供的交费方式统计结果见表 6。

表 6　终身寿险产品固定交费年限统计

| 交费方式 | 趸交 | 3 年 | 5 年 | 6 年 | 10 年 | 15 年 | 19 年 | 20 年 | 29 年 | 30 年 | 其他 |
| --- | --- | --- | --- | --- | --- | --- | --- | --- | --- | --- | --- |
| 比例 | 59% | 56% | 71% | 3% | 82% | 58% | 5% | 73% | 3% | 20% | 12% |

3. 犹豫期

超过半数终身寿险产品的犹豫期设置为 15 天，其他产品大多设置为 10 天或 20 天。另有一部分产品的犹豫期为 10 天，但其在银保渠道销售的犹豫期为 15 天。犹豫期统计结果见表 7。

表 7　终身寿险产品犹豫期天数统计

| 犹豫期 | 10 天 | 不低于 10 天 | 10 天（通过商业银行投保，犹豫期为 15 天） | 15 天 | 20 天 |
| --- | --- | --- | --- | --- | --- |
| 比例 | 10% | 3% | 18% | 55% | 15% |

4. 等待期

2019 年统计的终身寿险产品的等待期统计分析结果见表 8。

表 8　终身寿险产品等待期统计

| 等待期 | | 无等待期 | 60 天 | 90 天 | 180 天 |
| --- | --- | --- | --- | --- | --- |
| 比例 | 2018 年 | —— | 3% | 40% | 57% |
| | 2019 年 | 66% | —— | 16% | 18% |
| 变化趋势 | | —— | —— | ↓ | ↓ |

从统计结果来看，在2019年新增的终身寿险产品中，无等待期的产品占绝大部分，与此同时等待期为60天、90天及180天的终身寿险产品比例均有所下降。这样的设置使产品对被保险人更加友好，提升产品的竞争力。

等待期内的责任设置最常见的方式为，“等待期内身故，退还已交保费；意外或等待期后身故，给付基本保额”和“等待期内身故，退还已交保费；意外或等待期后：18周岁前身故，给付已交保费与现金价值两金取大；18周岁后身故，给付基本保额”。在2019年统计的终身寿险产品中，这两种责任设置类型占比之和达到约29%。

## （四）利益责任

### 1. 保单贷款

保单贷款指在合同有效期内，投保人可以书面形式向保险公司申请贷款，还款时需偿还本金和利息。2019年统计的终身寿险产品中，约97%的产品可以申请保单贷款，最高贷款金额多为申请时现金价值净额的80%，每次贷款最长期限多为6个月或180天。

### 2. 年金转换权

年金转换权指投保人可选择在约定年龄申请将全部或部分现金价值作为一次性交清的保险费购买年金保险，为养老提供长期稳定保障。

2019年统计的终身寿险产品中，约21%的产品提供年金转换权。

# 四、终身寿险产品比较分析

2019 年统计的终身寿险产品，基于保险责任可划分为四类：定额含全残责任、定额无全残责任、增额含全残责任以及增额无全残责任。基于 2019 年各保险公司的保费规模，我们将保险公司分为：大型公司、中型公司和小型公司。我们对市场上部分终身寿险产品根据产品种类分别进行价格对比，选取以被保险人为 30 周岁男性，基本保额为 1000 元，保险期间为终身，交费期限为 20 年的终身寿险产品的费率。考虑到不同的增额率对产品的保费有一定影响，我们选择增额率为 3.5% 的产品进行统计分析。对比结果见表 9。

表 9　不同保险责任三类公司终身寿险产品对比

| 保险责任 | 公司分类 | 产品 | 年龄限制 | 千元保额费率 | 价格评级 | 综合评级 |
|---|---|---|---|---|---|---|
| 增额全残 | 大型公司 | 产品 A | 28 天—67 周岁 | 73.35 | ★★★★ | ★★★★ |
| | 中型公司 | 产品 B | 30 天—70 周岁 | 81.86 | ★★★ | ★★★ |
| | 小型公司 | 产品 C | 30 天—65 周岁 | 80.92 | ★★★ | ★★ |
| 增额无全残 | 大型公司 | 产品 D | 0—70 周岁 | 72.20 | ★★★★ | ★★★★★ |
| | 中型公司 | 产品 E | 7 天—75 周岁 | 85.19 | ★★★ | ★★★ |
| | 小型公司 | 产品 F | 30 天—65 周岁 | 83.91 | ★★★ | ★★ |
| 定额全残 | 大型公司 | 产品 G | 18—65 周岁 | 17.50 | ★★★ | ★★★★ |
| | 中型公司 | 产品 H | 0—75 周岁 | 13.34 | ★★★★★ | ★★★★★ |
| | 小型公司 | 产品 I | 18—65 周岁 | 15.95 | ★★★ | ★★★ |

（续表）

| 保险责任 | 公司分类 | 产品 | 年龄限制 | 千元保额费率 | 价格评级 | 综合评级 |
|---|---|---|---|---|---|---|
| 定额无全残 | 大型公司 | 产品 J | 28 天—70 周岁 | 21.50 | ★★ | ★★★ |
| | 中型公司 | 产品 K | 28 天—70 周岁 | 23.04 | ★★ | ★★★ |
| | 小型公司 | 产品 L | 28 天—60 周岁 | 16.20 | ★★★ | ★★ |

从价格来看，增额终身寿险产品的费率远高于定额终身寿险产品，这是由于增额终身寿险的保额逐年递增，随着时间推移，可以为被保险人提供更高的保障额度。以增额终身寿险产品 A 和定额终身寿险产品 G 为例，二者均为大型公司推出的终身寿险产品，且保险责任均包含全残给付，但产品 A 的费率几乎是产品 G 费率的四倍。比较这 2 款产品的价格评级会发现产品 A 的评级更高，这反映出不同的保险责任对应不同的保险风险，进而对应了不同的产品价格。因此，消费者在挑选保险产品时，不能直接通过简单的费率对比来评价产品的好坏，还要看费率与责任是否匹配。

除了从价格方面对产品进行打分，我们还综合考量了公司的品牌服务和风控水平，使得各产品都有对应的综合评级。整体来看，终身寿险的综合评级高低与产品自身费率高低基本匹配。而在相同的价格评级下，综合评级越高，产品越具有竞争力。

## 五、终身寿险产品展望

### （一）推动增额终身寿险产品创新

受政策影响，预定利率为 4.025% 的年金保险产品逐渐退出舞台。然而，在低利率市场环境下，消费者的资金保障和理财需求仍然强烈，而增额终身寿险可以凭借其在安全性、流动性、盈利性、财富传承等方面的优势，有效补足缺位。

相比于年金保险，增额终身寿险拥有更加稳健的复利储蓄方式。增额终身寿险的本质是终身寿险，但与传统寿险不同的是，增额终身寿险保费不变，最终赔付的保额则会随着时间不断复利升值，保额不断递增，兼顾了人身保障和稳健投资两种属性。作为中长期的现金流管理工具，该类产品可以同时解决教育金的储备、养老金的规划补充、身故后的家庭经济缺口补充和财产传承等现实问题，受到高净值客户的青睐，可以为保险公司带来较高的价值贡献。

对于增额终身寿险市场这块必争之地，寿险公司需更加重视增额终身寿险产品创新，从市场需求出发，切实解决消费者的资金保障问题。同时，保险公司可以针对各细分客群设计个性化增额终身寿险产品，以差异化战略获得更高的竞争力。

### （二）升级终身寿险产品的保障功能

老年人的经济责任与中年时期相比会有所下降，但与此同时，疾病发生率也在显著提升，需要资金提供医疗保障。因此，许多终身寿险产品的被保险人在步入老年期后，会通过保单变现的形式应对未知的疾病风险。基于这一需求，在当前市场上在售的终身寿险产品中，约三分之一的产品附有年金转换的权益。以2019年报备的某款终身寿险产品为例，当被保险人满65周岁后，可以选择将全部或部分保单现金价值作为一次交清的保费，购买该保险公司提供的转换年金保险。这一设计可以为被保险人提供一笔持续、稳定的养老金，解决其后顾之忧。

目前，“保障+服务”已成为保险产品发展和创新的大趋势，保险产品将逐渐由提供“财务解决方案”向提供“问题解决方案”转变。对于终身寿险而言，如何在传统的死亡保障责任的基础上升级产品保障功能、提高终身寿险的客户吸引力，值得保险公司在产品开发上进一步挖掘。

# 分报告三
# 重大疾病保险产品市场调研报告

## 一、重大疾病保险产品市场状况

### （一）重大疾病保险产品市场发展状况

2019 年重大疾病保险产品的发展有以下几个特点：

**1. 体量大，增长快。**在体量方面，据银保监会统计，2019 年重疾险保费收入为 4107 亿元，占健康险总保费收入的 58%，目前持有有效重疾险保单的消费者已超过 1 亿人次。在增速方面，2019 年健康险原保费收入同比增长 29.70%。其中，重疾险发挥了主要的拉动作用；在过去五年中，其保费增长幅度每年超过 30%。然而，在当前环境下，虽然目前保单体量大，但购买重疾险的群体往往持有多张重疾险保单，重疾险未来仍有较大增长空间。

**2. 产品更新迭代快。**不论是个险渠道还是网销渠道，不少保险公司都有自己独特的重疾险系列产品，并且每年进行一次甚至多次“升级”（大多为责任的增加与保费的变动）。保险公司采取频繁的产品升级换代策略，一方面希望刺激市场，提升产品竞争力；但另一方面，靠责任堆积的重疾险“升级”思路大多走到了极致，对于代理人来说激励效果减弱，对于消费者来说，越来越看不懂。随着新定义与新发生率的出台，重疾险产品的设计与开发思路会发生重大变化。这种主要服务于销售与营销的“升级”，对消费者利益的增加有待考量，“升级”方式有待转变。

**3. 保障的病种数量进一步增加。**在2019年新报备的产品中，超过90%的产品保障重疾病种数目在100种以上，平均保障病种数量持续上升，具体见图1。

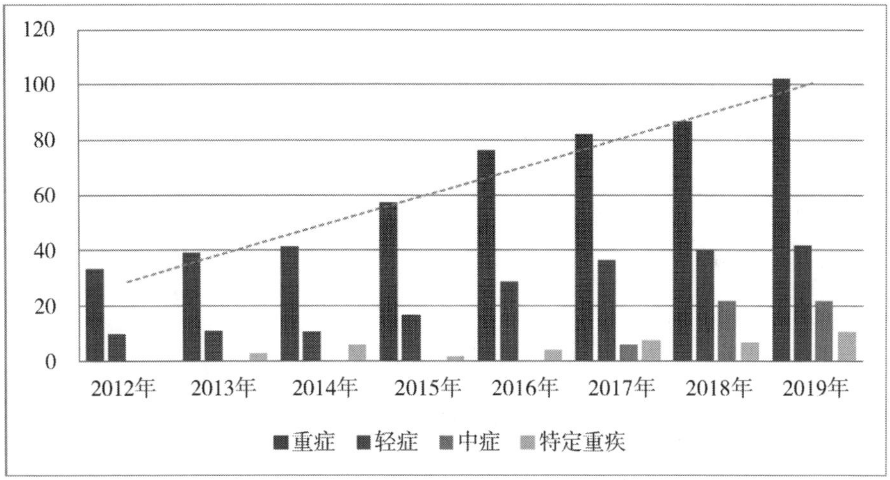


图1　2012—2019年重疾险产品各类疾病平均保障数量走势

**4. 责任设置更加灵活。**2019年不少重疾险产品中包含可选责任，常见的可选责任有身故责任、豁免责任、癌症多次给付责任以及心血管疾病额外给付责任等。此外，可选责任的设置更加灵活，消费者可以根据自身需求，购买适合自己的保障。随着产品形态愈加多样的发展趋势，在未来很有可能所有的保险责任都可以任消费者选择，形成真正的“自助保险”购买模式。

**5. 产品价格持续走低。**由于重疾险市场参与主体众多，市场集中度下降，网销重疾险产品价格竞争激烈，传统渠道重疾险产品也呈现出降价的趋势。

## （二）重大疾病保险产品报备情况

2019 年，保险公司新报备的重大疾病保险产品约 582 个，占 2019 年健康保险报备数量的 52.5%。2010—2019 年重疾险报备情况见图 2。

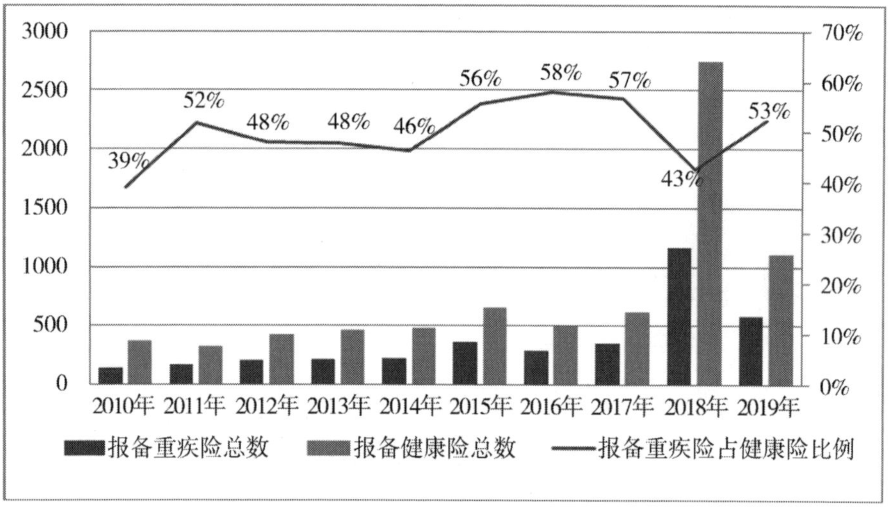


图 2　2010—2019 年重疾险产品报备情况[①]

其中 2018 年由于监管要求，许多公司重新调整、报备已有产品，导

① 由于统计口径差异，本报告中历年重疾险产品报备情况的数据与《2019 中国人身保险产品研究报告》的统计结果略有不同。

致报备产品数量激增。除此因素之外，每年新报备重疾险数量稳定增长，占健康险比例在 50% 左右浮动。

### （三）重大疾病保险产品数据分析来源

《分报告三——重大疾病保险产品市场调研报告》的分析数据均来自市场公开信息，如产品条款、产品费率等。本分报告以下的统计分析结果基于 365 款 2019 年报备的重大疾病保险产品。

## 二、重大疾病保险产品特征分析

本分报告对 2019 年市场上新出现的主流重疾险产品进行分析。

### （一）保险责任

重大疾病保险合同包括的主要保险责任有重症、中症、轻症、特定疾病、身故、全残、终末期疾病、保费豁免以及某些医疗责任等。重疾险产品主要保险责任统计结果见表 1。

表 1　重疾险产品主要保险责任统计

| 保险责任 | | 重疾 | 中症 | 轻症 | 特定重疾 | 身故（返保额） | 全残 | 终末期疾病 | 豁免 |
|---|---|---|---|---|---|---|---|---|---|
| 比例 | 2018 年 | 100% | 13% | 82% | 32% | 42% | 20% | 18% | 68% |
| | 2019 年 | 100% | 56% | 92% | 33% | 58% | 39% | 32% | 89% |
| 变化趋势 | | → | ↑ | ↑ | ↑ | ↑ | ↑ | ↑ | ↑ |

1. 重症

重症责任，即被保险人罹患合同中所列的重症疾病，得到重大疾病保险金赔付。重症具有危及生命和花费巨大两个特点，赔付额度一般为100% 基本保额。

重症责任的病种保障数量、病种设置、赔付次数、赔付方式等是产品设计以及消费者关注的重点。

重症病种数量

2019 年市场上的重大疾病保险产品，重症保障范围在 4—120 种之间，平均水平由 2018 年的 85 种增长到 102 种。重症数量在 100—110 种之间的产品比例明显提升，由 33.0% 上升到 71.5%，具体见图 3。

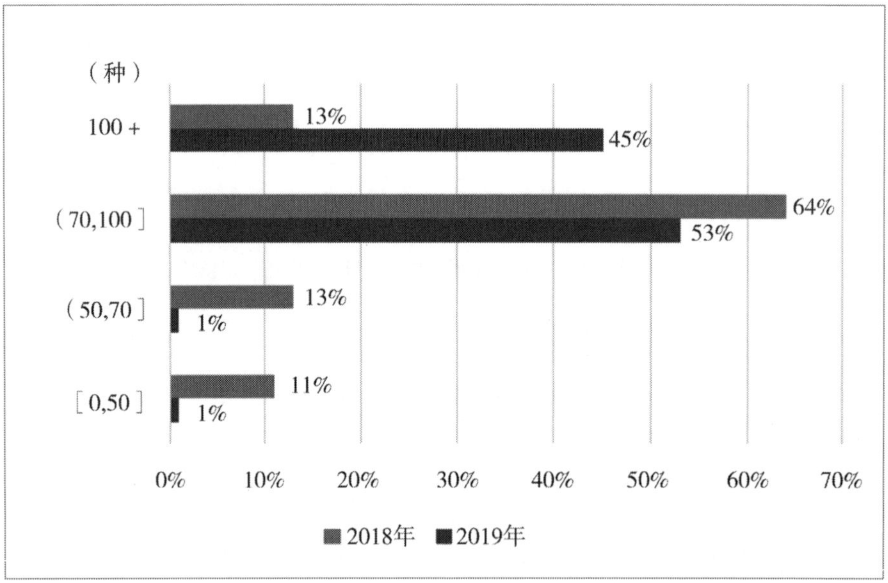


图 3　2018—2019 年重疾险重症保障数量比例

重症病种设置

2019年各公司的重疾产品保障病种数量持续增加。但是，病种数量无法完全评价一个重疾险产品的保障水平。首先，从理赔占比角度来看，25种标准重疾占比超过95%，额外增加的疾病对产品定价影响并不显著。有的公司故意在条款中设置一些发生率极低或者基本被消灭的病种，以提高产品在病种上的优势。其次，从病种设置来看，有的公司强行将一病拆多病承保，盲目追求“承保病种数量多”这一营销噱头。具有以上情况的产品，其病种保障数量虚高，会使保险公司囿于错误的产品开发思路，并不能说明重疾险产品的实际保障水平。

关于重大疾病保险的病种设置和拆分等问题，爱选科技做了详尽研究，详情请参阅爱选科技发布的《中国保险行业重大疾病保险产品病种研究报告——2019》和《中国保险行业重大疾病保险产品病种研究报告——2020》。

重症分组和赔付次数

2019年主流重疾险中，大部分产品的重症给付责任仍为1次，多重和多次给付的产品占比约为41.9%。在多重/多次给付的产品中，80.4%为多重给付型产品，其中5重给付和6重给付的产品分别占39%和38%，这两种是2019年重疾险产品较为代表性的给付方式。与2018年及以前的产品相比，2019年的重疾险产品不仅多重/多次给付产品所占比例上升，分组和赔付次数也有所增加。

多重给付的重疾险产品涉及疾病分组的问题。如把30种重症划分为4组，同一组中的7—8种疾病，保险公司只赔付1种。如表2所示分组情况，若被保险人罹患终末期肾病，同时遭受严重Ⅲ度烧伤，保险公司仅对二者之一进行赔付。只有当被保险人所患的多种疾病属于不同分组时，才能进行多重赔付。

表 2　多重给付重大疾病保险病种分组示例

| 第一组 | 第二组 | 第三组 | 第四组 |
|---|---|---|---|
| 恶性肿瘤 | 脑中风后遗症 | 急性心肌梗死 | 终末期肾病 |
| 异体移植术 | 良性脑肿瘤 | 冠状动脉搭桥手术 | 严重Ⅲ度烧伤 |
| …… | …… | …… | …… |

由于 6 种必保重大疾病[①]的发病率占比超过 90%，一般分组都以该 6 种疾病为基础进行拆分，将 6 种必保重疾较为均匀地分配在不同的组别，以保证各组发生率均衡。若多种高发重疾分在同一组，则分组质量较差，对消费者不友好。

值得注意的是，多次给付重疾险还涉及两次给付时间间隔的问题，一般为 180 天或 365 天之后才能进行下一次赔付，2019 年重疾险中这两个时间间隔的占比分别为 65% 和 33%。

重症赔付方式

51% 的重疾险在重症责任上设置较为简单，通常为“等待期内重疾，

①2007 年由中国保险行业协会与中国医师协会联合制定的我国首部《重大疾病保险的疾病定义使用规范》明确要求保险行业使用统一的重疾定义后，成年人重疾险产品的保障范围，必须包括 25 种重大疾病中发生率和理赔率最高的 6 种疾病（包括恶性肿瘤——不包括部分早期恶性肿瘤；急性心肌梗死；脑中风后遗症——永久性的功能障碍；重大器官移植术或造血干细胞移植术——须异体移植手术；冠状动脉搭桥术（或称冠状动脉旁路移植术）——须开胸手术；终末期肾病（或称慢性肾功能衰竭尿毒症期）——须透析治疗或肾脏移植手术）。

退还已交保费；意外或等待期后重疾，给付基本保额”。与 2018 年相比，这个比例下降约 20%，体现了重疾险产品赔付复杂化的趋势。

重症责任设置较为复杂的产品，赔付额度会受到保单年度、到达年龄、是否参加指定运动、罹患重症的次数、是否曾患轻症（或中症）等因素影响。重症责任的赔付额度可能与上述因素中的一个或多个挂钩，具体举例见表 3。

表 3　重症代表性特殊赔付方式举例

| | |
|---|---|
| 与罹患重疾次数相关 | 等待期内重疾，退还已交保费；<br>意外或等待期后：<br>首次重疾，给付基本保额；<br>第二次重疾，给付 150% 基本保额；<br>第三次重疾，给付 200% 基本保额；<br>第四次重疾，给付 250% 基本保额；<br>第五次重疾，给付 300% 基本保额 |
| 与到达年龄相关 | 等待期内重疾，退还已交保费；<br>意外或等待期后重疾，给付基本保额；<br>若被保险人在 60 周岁前重疾，额外给付 50% 基本保额 |
| 与保单年度相关 | 等待期内重疾，退还已交保费；<br>意外或等待期后重疾，给付基本保额；<br>若被保险人在第 10 个保单周年日前重疾，额外给付 50% 基本保额 |
| 与患轻症（或中症）病史、保单年度二者相关 | 等待期内重疾，退还已交保费；<br>意外或等待期后重疾，给付基本保额；<br>患轻症或中症后重疾，额外给付 25% 基本保额；<br>若被保险人在第 10 个保单周年日前重疾，额外给付 50% 基本保额；<br>若被保险人在第 11—15 个保单年度内重疾，额外给付 35% 基本保额 |

（续表）

| | |
|---|---|
| 与是否参加指定运动有关 | 等待期内重疾，退还已交保费；<br>意外或等待期后重疾，给付基本保额；<br>若被保险人在第 2 个保单周年日前参加指定运动记录平台活动且在第 2 个保单周年日后重疾：<br>达到运动标准一（累计 15 个月每月至少有 20 天每天运动步数不少于 10000 步），额外给付 5% 基本保额；<br>达到运动标准二（累计 20 个月每月至少有 20 天每天运动步数不少于 10000 步），额外给付 10% 基本保额 |

2. 轻症

轻症责任，即被保险人罹患合同中所列的轻症疾病，得到轻症疾病保险金赔付。轻症责任的赔付额度一般为 20%—50% 基本保额。

（1）为什么推出轻症责任

相较于重症和中症，轻症的赔付要求更容易达到。重大疾病的定义较为严苛、症状较为严重，并不容易满足赔付要求，为消费者诟病。举例来说，重症中的急性心肌梗死对心电图的走势、心室功能的要求比较苛刻，患者很难完全符合赔付要求。而对应的轻症责任——不典型性心肌梗死，定义相对宽松，更容易达到理赔要求。

为了匹配消费者的需求，保险公司陆续推出了带轻症责任的重疾险产品，以作为重疾责任的有力补充。

（2）轻症设计

轻症的保障种类与范围在一定程度上体现了产品的质量和保险公司的诚意。25 种标准重疾发生率高，因此 25 种标准重疾所对应的轻症是否在保障范围内显得尤为重要。表 4 列举了 25 种标准重疾对应的轻症及其出现比例。

表 4　25 种标准重疾对应轻症及其出现比例

| 序号 | 重疾 | 对应轻症 | 出现比例 | | 变化趋势 |
|---|---|---|---|---|---|
| | | | 2018 年 | 2019 年 | |
| 1 | 恶性肿瘤 | 极早期恶性肿瘤或恶性病变 | 97% | 100% | ↑ |
| 2 | 急性心肌梗死 | 不典型的急性心肌梗死 | 82% | 94% | ↑ |
| 3 | 脑中风后遗症 | 脑中风后遗症 | 77% | 63% | ↓ |
| 4 | 重大器官移植术或造血干细胞移植术 | 肝脏切除 | 88% | 94% | ↑ |
| | | 单侧肾脏切除 | 85% | 96% | ↑ |
| | | 单侧肺脏切除 | 75% | 58% | ↓ |
| 5 | 冠状动脉搭桥术 | 冠状动脉介入手术（非开胸手术） | 74% | 96% | ↑ |
| 6 | 终末期肾病 | 慢性肾功能损害（肾脏疾病） | 57% | 75% | ↑ |
| 7 | 多个肢体缺失 | 一肢缺失 | 75% | 53% | ↓ |
| 8 | 急性或亚急性重症肝炎 | 病毒性肝炎导致的肝硬化（肝炎所致慢性肝脏功能衰竭失代偿期早期） | 23% | 26% | ↑ |
| 9 | 良性脑肿瘤 | 脑垂体瘤、脑囊肿、脑动脉瘤及脑血管瘤 | 100% | 98% | ↓ |
| 10 | 慢性肝功能衰竭失代偿期 | 慢性肝功能衰竭 | 34% | 54% | ↑ |
| 11 | 脑炎后遗症或脑膜炎后遗症 | 脑炎后遗症或脑膜炎后遗症 | 63% | 45% | ↓ |
| 12 | 深度昏迷 | 深度昏迷 | 68% | 56% | ↓ |

（续表）

| 序号 | 重疾 | 对应轻症 | 出现比例 | | 变化趋势 |
|---|---|---|---|---|---|
| | | | 2018年 | 2019年 | |
| 13 | 双耳失聪 | 单耳失聪 | 62% | 83% | ↑ |
| | | 人工耳蜗植入 | 78% | 85% | ↑ |
| | | 听力严重受损 | 37% | 67% | ↑ |
| 14 | 双目失明 | 单眼失明 | 74% | 85% | ↑ |
| | | 视力严重受损 | 83% | 87% | ↑ |
| | | 角膜移植 | 54% | 82% | ↑ |
| 15 | 瘫痪 | 瘫痪 | 54% | 36% | ↓ |
| 16 | 心脏瓣膜手术 | 心脏瓣膜介入手术（非开胸手术） | 100% | 100% | → |
| 17 | 严重阿尔茨海默病 | 阿尔茨海默病 | 38% | 38% | → |
| 18 | 严重脑损伤 | 脑损伤（头部外伤） | 77% | 44% | ↓ |
| 19 | 严重帕金森病 | 帕金森病 | 55% | 34% | ↓ |
| 20 | 严重III度烧伤 | III度烧伤 | 92% | 93% | ↑ |
| | | 面部烧伤 | 65% | 75% | ↑ |
| 21 | 严重原发性肺动脉高压 | 原发性肺动脉高压 | 57% | 74% | ↑ |
| 22 | 严重运动神经元病 | 运动神经元病 | 72% | 42% | ↓ |
| 23 | 语言能力丧失 | —— | —— | —— | —— |
| 24 | 重型再生障碍性贫血 | 可逆性再生障碍性贫血 | 71% | 71% | → |
| 25 | 主动脉手术 | 主动脉内手术（非开胸手术） | 100% | 98% | ↓ |

表 5　其他轻症及其出现比例

| 序号 | 轻症 | 出现比例 | | 变化趋势 |
|---|---|---|---|---|
| | | 2018 年 | 2019 年 | |
| 1 | 颈动脉狭窄 | 75% | 97% | ↑ |
| 2 | 双侧卵巢或睾丸切除术 | 62% | 94% | ↑ |
| 3 | 心包膜切除术 | 71% | 89% | ↑ |
| 4 | 起搏器或除颤器植入 | 63% | 82% | ↑ |
| 5 | 腔静脉过滤器植入术 | 65% | 81% | ↑ |
| 6 | 象皮病 | 58% | 80% | ↑ |
| 7 | 脑室腹腔分流术 | 55% | 79% | ↑ |
| 8 | 原发性心肌病 | 69% | 79% | ↑ |
| 9 | 特定周围动脉狭窄的血管介入治疗 | 62% | 78% | ↑ |
| 10 | 微创颅脑手术 | 55% | 76% | ↑ |
| 11 | 微创冠状动脉搭桥术 | 62% | 71% | ↑ |
| 12 | 因肾上腺皮脂腺瘤切除肾上腺 | 62% | 70% | ↑ |
| 13 | 骨质疏松 | 26% | 58% | ↑ |
| 14 | 硬脑膜下血肿手术 | 38% | 55% | ↑ |
| 15 | 糖尿病及其并发症 | 51% | 51% | → |
| 16 | 急性坏死性胰腺炎开腹手术 | 22% | 51% | ↑ |
| 17 | 阻塞性睡眠呼吸暂停综合征 | 38% | 47% | ↑ |
| 18 | 系统性红斑狼疮 | 43% | 42% | ↓ |
| 19 | 胆道重建手术 | 38% | 38% | → |
| 20 | 激光心肌血运重建术 | 23% | 36% | ↑ |
| 21 | 系统性硬皮病 | 17% | 34% | ↑ |
| 22 | 溃疡性结肠炎 | 51% | 34% | ↓ |

（续表）

| 序号 | 轻症 | 出现比例 | | 变化趋势 |
|---|---|---|---|---|
| | | 2018 年 | 2019 年 | |
| 23 | 类风湿性关节炎 | 25% | 26% | ↑ |
| 24 | 肺功能衰竭 | 12% | 25% | ↑ |
| 25 | 肌营养不良症 | 32% | 24% | ↓ |
| 26 | 重症肌无力 | 37% | 24% | ↓ |
| 27 | 强直性脊柱炎手术治疗 | 8% | 22% | ↑ |
| 28 | 出血性登革热 | 22% | 21% | ↓ |
| 29 | 肝硬化 | 35% | 20% | ↓ |
| 30 | 克罗恩病（Crohn） | 26% | 20% | ↓ |
| 31 | 结核性脊髓炎 | 12% | 19% | ↑ |
| 32 | 风湿热导致的心脏瓣膜病 | 14% | 17% | ↑ |
| 33 | 脊髓灰质炎 | 31% | 15% | ↓ |
| 34 | 无颅内压增高的微小良性脑肿瘤 | 11% | 15% | ↑ |
| 35 | 大动脉炎（多发性大动脉炎旁路移植手术治疗） | 8% | 14% | ↑ |
| 36 | III 度房室传导阻滞 | 15% | 12% | ↓ |
| 37 | 肺泡蛋白质沉积症 | 3% | 12% | ↑ |
| 38 | 继发性肺动脉高压 | 25% | 10% | ↓ |
| 39 | 坏死性筋膜炎组织肌肉切除术 | 3% | 9% | ↑ |
| 40 | 急性重型肝炎人工肝治疗 | 8% | 8% | → |
| 41 | 垂体卒中 | 9% | 8% | ↓ |
| 42 | 甲型乙型血友病 | 6% | 7% | ↑ |
| 43 | 颅内血肿清除术 | 8% | 6% | ↓ |

（续表）

| 序号 | 轻症 | 出现比例 | | 变化趋势 |
|---|---|---|---|---|
| | | 2018 年 | 2019 年 | |
| 44 | 急性肾衰竭肾脏透析治疗 | 5% | 6% | ↑ |
| 45 | 多发肋骨骨折 | 15% | 6% | ↓ |
| 46 | 疯牛病 | 3% | 5% | ↑ |
| 47 | 侵蚀性葡萄胎 | 6% | 5% | ↓ |
| 48 | 川崎病 | 2% | 4% | ↑ |
| 49 | 多发性硬化 | 6% | 3% | ↓ |
| 50 | 慢性阻塞性肺病 | 9% | 3% | ↓ |
| 51 | 感染性心内膜炎 | 3% | 3% | → |
| 52 | 脑动脉瘤夹闭手术或栓塞手术 | 3% | 3% | → |
| 53 | 进行性核上性麻痹 | 8% | 3% | ↓ |
| 54 | 嗜铬细胞瘤 | 3% | 2% | ↓ |
| 55 | 手足口症 | —— | 2% | —— |
| 56 | 肠道疾病并发症 | —— | 1% | —— |
| 57 | 骨生长不全症 III 型 | —— | 1% | —— |
| 58 | 主动脉夹层 | 1% | 1% | → |
| 59 | 心脏黏液瘤 | —— | 1% | —— |
| 60 | 脊髓内良性肿瘤 | —— | 1% | —— |
| 61 | 脊髓血管病后遗症 | —— | 1% | —— |
| 62 | 湿性年龄相关性黄斑变性 | 3% | 1% | ↓ |
| 63 | 小肠移植 | 3% | 0.30% | ↓ |
| 64 | 哮喘 | —— | 0.30% | —— |

从统计结果可以看出，在 2019 年，不论是 25 种标准重疾对应的轻症还是其他轻症（见表 5）在条款中出现的比例超半数都有所增加。这也从侧面体现了重疾险产品对轻症病种的保障逐渐加强。

（3）轻症数量

2019 年市场上的重大疾病保险产品轻症保障范围在 10—60 种之间，平均水平由 2018 年的 38 种增加为 39 种，变动不大，具体见图 4。

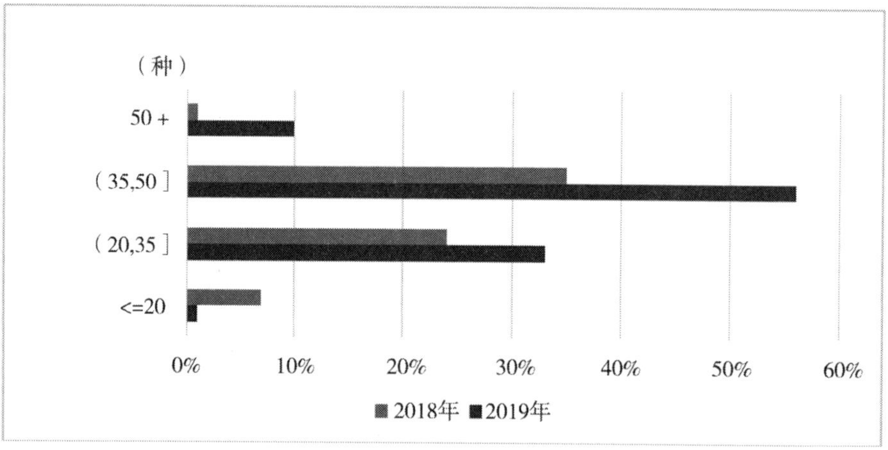


图 4　2018—2019 年重疾险轻症保障数量比例

（4）轻症分组和赔付次数

与重症不同，一般情况下轻症不分组，多数为多次给付，仅有少数为多重给付。在 2019 年含轻症责任的重疾险中，92% 的产品将轻症设置为多重 / 多次给付，相比 2018 年比例大幅上升。其中 3 次给付最为常见，占比 75%。具体给付次数比例见表 6。

表 6　轻症给付次数比例

| 轻症给付次数 | | 2 次 | 3 次 | 4 次 | 5 次 | 6 次 | 7 次 | 其他 |
|---|---|---|---|---|---|---|---|---|
| 比例 | 2018 年 | 11% | 72% | —— | 8% | —— | —— | 9% |
| | 2019 年 | 3% | 75% | 6% | 9% | 4% | 3% | —— |
| 变化趋势 | | ↓ | ↑ | —— | ↑ | —— | —— | —— |

（5）轻症赔付方式

2019 年的主流重疾险产品中，约 92% 的产品包含轻症责任，与 2018 年相比，比例上升，轻症几乎成为“标配”。2019 年重疾险产品中，约半数轻症责任设置较简单，通常为“等待期内轻症，退还已交保费；意外或等待期后轻症，给付一定比例的基本保额”，给付比例通常为 20%—50%。此外，等待期内轻症，一般仅终止轻症责任，不终止合同。

轻症责任设置较为复杂的产品，赔付额度会受到到达年龄、是否参加指定运动、罹患轻症的次数等因素影响。轻症责任的赔付额度可能与上述因素中的一个或多个挂钩，具体举例见表 7。

表 7　轻症代表性特殊赔付方式举例

| | |
|---|---|
| 与罹患轻疾次数相关 | 意外或等待期后：<br>首次轻症，给付 30% 基本保额；<br>第二次轻症，给付 35% 基本保额；<br>第三次轻症，给付 40% 基本保额 |
| 与到达年龄相关 | 等待期内轻症，退还已交保费；<br>意外或等待期后：<br>66 周岁前轻症，给付 80% 基本保额；<br>66 周岁后轻症，给付 40% 基本保额 |

（续表）

| | |
|---|---|
| 与是否参加指定运动相关 | 等待期内轻症，退还已交保费；<br>意外或等待期后轻症，给付 30% 基本保额；<br>若被保险人在第 2 个保单周年日前参加指定运动记录平台活动且在第 2 个保单周年日后轻症：<br>达到运动标准一（累计 15 个月每月至少有 20 天每天运动步数不少于 10000 步），额外给付 2% 基本保额；<br>达到运动标准二（累计 20 个月每月至少有 20 天每天运动步数不少于 10000 步），额外给付 3% 基本保额 |

（6）轻症的其他特点

2019 年分析的重疾险产品，轻症均为额外给付。且对轻症责任有年龄限制的产品（如保障至 70 周岁等）非常少，仅有 5 款。

3. 中症

中症责任，即被保险人罹患合同中所列的中症疾病，得到中症疾病保险金的赔付。中症的赔付标准介于重症和轻症之间，赔付额度一般为 50%—60% 基本保额。

（1）中症数量

中症数量一般在 10—30 种之间，其中以 20 种设置居多，在 2019 年含中症责任的重疾险产品中占比 60%。

（2）中症分组和赔付次数

中症赔付次数大部分为 2 次，且不分组。仅个别产品中症分组。

（3）中症赔付方式

2019 年主流重疾险产品中有超过半数的产品包含中症责任，该比例较 2018 年有所上升。中症责任逐渐变成一些公司重疾险产品的标准配置。中小型保险公司重疾险产品中大多包含中症责任，已成为产品开发的标准配置。而大型保险公司产品设置基本不包含中症责任。此外，大多数含中症责任的产品在中症责任设置上较为简单，一般为“等待期内中症，退还已交保费；意外或等待期后中症，给付一定比例的基本保额”，给付比例常见为 50%—60%。中症责任设置较为复杂的产品，赔付额度会受到到达年龄、是否参加指定运动、罹患中症的次数等因素影响。中症责任的赔付额度可能与上述因素中的一个或多个挂钩，具体举例见表 8。

表 8　中症代表性特殊赔付方式举例

| | |
|---|---|
| 与罹患中症次数相关 | 意外或等待期后，<br>首次中症，给付 50% 基本保额<br>第二次中症，给付 55% 基本保额<br>第三次中症，给付 60% 基本保额 |
| 与到达年龄相关 | 等待期内中症，退还已交保费；<br>意外或等待期后中症，给付 30% 基本保额，保障至 88 周岁 |
| 与是否参加指定运动相关 | 等待期内中症，退还已交保费；<br>意外或等待期后中症，给付 50% 基本保额；<br>若被保险人在第 2 个保单周年日前参加指定运动记录平台活动且在第 2 个保单周年日后中症：<br>达到运动标准一（累计 15 个月每月至少有 20 天每天运动步数不少于 10000 步），额外给付 3% 基本保额；<br>达到运动标准二（累计 20 个月每月至少有 20 天每天运动步数不少于 10000 步），额外给付 5% 基本保额 |

### 4. 特定疾病

特定疾病责任，即被保险人罹患合同中所列的特定疾病，得到特定疾病保险金的赔付。特定疾病的赔付一般在重症赔付的基础上额外增加50%—60% 的基本保额，相当于特定疾病可以获得更高额度的赔偿。

（1）特定疾病数量

特定疾病数量一般在 1—15 种之间。

（2）特定疾病赔付方式

2019 年主流重疾险产品中，约有 33% 的产品包含特定疾病责任，与2018 年相比，比例上升。特定疾病的责任设置一般为“意外或等待期后特定重疾，额外给付一定比例的基本保额”，该比例从 20%—200% 不等。特定疾病责任设置较为复杂的产品，赔付额度会受到保单年度、到达年龄等因素限制。部分产品的特定疾病又细分为儿童特定疾病、男性特定疾病、女性特定疾病、老年特定疾病等，不同类型的特定疾病的年龄限制和额外赔付额度不尽相同。特定疾病责任的具体举例见表 9。

表 9　特定疾病代表性特殊赔付方式举例

| | |
|---|---|
| 与到达年龄相关 | 意外或等待期后：<br>20 周岁前特定重疾，额外给付 120% 基本保额 |
| 与特定疾病类型相关 | 意外或等待期后：<br>少儿 18 周岁前特定重疾，额外给付基本保额；<br>男性 / 女性 18 周岁后特定重疾，额外给付 50% 基本保额 |

### 5. 身故和全残责任

身故（全残）责任，即被保险人身故（全残），得到身故（全残）保险金赔付。

2019 年主流重疾险产品中，约有 90% 的产品包含身故责任（含身故返保费和身故给付保额），与 2018 年相比，比例上升。2019 年约 20% 的重疾险产品在界定身故责任时不设置等待期且不区分意外身故，具体表现为“身故退还已交保费”或“身故给付基本保额”，个别产品设置为“身故给付已交保费和现金价值两金取大”或“身故给付已交保费、现金价值与基本保额三金取大”。2019 年约 70% 的重疾险产品在界定身故责任时设置等待期且区分意外身故，具体表现为“等待期内身故，退还已交保费；意外或等待期后身故，给付现金价值或基本保额”。此外，身故责任的赔付额度还可能会受到保单年度、到达年龄、保险期间内患病史、是否参加指定运动等因素的影响。

2019 年主流重疾险产品中，约有 39% 的产品包含全残责任。全残责任一般随身故责任出现，责任设置绝大多数与身故责任相同。

6. 终末期疾病责任

终末期疾病责任，即被保险人的病情已经无法治疗或缓解，且将导致被保险人在未来 6 个月内死亡，被保险人因此得到终末期疾病保险金赔付。在 2019 年，约有 32% 的主流重疾险产品包含终末期疾病责任，该比例与 2018 年相比略有上升。

重疾险产品可以通过 2 种方式包含终末期疾病责任。一种为显性方式，保险责任中包括终末期疾病责任项，给付终末期疾病保险金；另一种为隐性方式，终末期疾病属于重大疾病的范畴，给付重大疾病保险金。对于显性包含终末期疾病责任项的产品，绝大部分的终末期疾病责任设置与身故责任相同。

7. 保费豁免

保费豁免责任，即交费期内，投保人或被保险人若发生合同里规定的保险事故，保险公司将豁免投保人尚未缴纳的保险费，但保险合同依然有效。

以轻症豁免为例，当被保险人在交费期间发生合同中所列的轻症后，不用再交之后的保费。但保险合同依然有效，未来若发生合同里所列的重症或者其他保险事故，可以得到相应的赔偿。保险公司提供本项利益责任的成本相对较高。

重疾险的保费豁免包含：被保险人轻症豁免、被保险人中症豁免、被保险人重症豁免、投保人轻症豁免、投保人全残豁免、投保人身故豁免、投保人中症豁免、投保人重症豁免，共 8 项。表 10 为 2019 重疾险中上述豁免责任所占比例。

表 10　重疾险产品豁免责任出现比例

| 保险责任 | 出现比例 | | 变化趋势 |
|---|---|---|---|
| | 2018 年 | 2019 年 | |
| 被保险人轻症豁免 | 99% | 85% | ↓ |
| 被保险人中症豁免 | 16% | 44% | ↑ |
| 被保险人重症豁免 | 45% | 58% | ↑ |
| 投保人轻症豁免 | 7% | 2% | ↓ |
| 投保人全残豁免 | 4% | 1% | ↓ |
| 投保人身故豁免 | 10% | 1% | ↓ |
| 投保人中症豁免 | —— | 1% | —— |

## （二）免责条款

重疾险的免责条款较为规范，2019 年主流重疾险产品的免责数量在 3—10 条之间，平均免责数量为 8 条。表 11 列出为行业协会标准条款中常见的 9 条身故免责条款及其出现频率。重疾责任的免责条款通常是在身故责任免责条款的基础上增加先天性疾病和艾滋病。

表 11　重疾险产品常见免责条款情况统计

| 免责条款 | | 比例（%） | | 变化趋势 |
|---|---|---|---|---|
| | | 2018 年 | 2019 年 | |
| 1 | 投保人对被保险人的故意杀害、故意伤害 | 98% | 91% | ↓ |
| 2 | 被保险人故意犯罪或者抗拒依法采取的刑事强制措施 | 99% | 91% | ↓ |
| 3 | 被保险人在本合同成立日或最后复效日（以较迟者为准）起两年内自杀，但被保险人自杀时为无民事行为能力人的除外 | 70% | 87% | ↑ |
| 4 | 被保险人主动服用、吸食、注射毒品 | 99% | 88% | ↓ |
| 5 | 被保险人酒后驾驶，无合法有效驾驶证驾驶，或驾驶无有效行驶证的机动车 | 95% | 88% | ↓ |
| 6 | 核爆炸、核辐射或核污染 | 91% | 87% | ↓ |
| 7 | 战争、军事冲突、暴乱或武装叛乱 | 82% | 85% | ↑ |
| 8 | 被保险人患先天性畸形、变形或染色体异常以及上述疾病的并发症 | 92% | 32% | ↓ |
| 9 | 被保险人患艾滋病（AIDS）或感染艾滋病病毒（HIV）及并发症 | 98% | 32% | ↓ |

## （三）普通条款

### 1. 投保年龄

2019年市场上在售的主流重大疾病保险的投保年龄范围一般为0—70周岁。在基本延续往年重疾险投保年龄保险形态的基础上，2019年出现了更为多样化的投保年龄设置，如投保年龄上限新出现了66周岁、68周岁等非整五的年龄设置方式。2019年主流重疾险的投保年龄统计结果见表12和表13。

表12　重疾险产品最低投保年龄统计

| 最低投保年龄 | | 0周岁（含28天或30天） | 18周岁 | 其他 |
| --- | --- | --- | --- | --- |
| 比例 | 2018年 | 93% | 7% | —— |
| | 2019年 | 90% | 3% | 7% |
| 变化趋势 | | ↓ | ↓ | —— |

表13　重疾险产品最高投保年龄统计

| 最高投保年龄 | | 50周岁 | 55周岁 | 60周岁 | 大于60周岁 | 其他 |
| --- | --- | --- | --- | --- | --- | --- |
| 比例 | 2018年 | 18% | 19% | 26% | 18% | 19% |
| | 2019年 | 13% | 24% | 32% | 14% | 17% |
| 变化趋势 | | ↓ | ↑ | ↑ | ↓ | ↓ |

### 2. 保险期间

2019年市场上主流重疾险产品可分为消费型、终身型、定期型三大类。消费型重大疾病保险的保险期间为1年。终身型重大疾病保险在人生任何时段发生保单规定的责任都可以赔偿。定期型重大疾病保险的保险期间比较多样化，一般分为两种：固定保障年份和固定保障年龄。固定保障年份主要包含：10 年、20 年、25 年、30 年等。固定保障年龄主要包含：至 60 周岁、至 70 周岁、至 80 周岁等。

- 重疾险产品
  - 消费型—1 年
  - 终身型—终身
  - 定期型
    - 固定保障年份：10 年、20 年、30 年等
    - 固定保障年龄：至 60 周岁、至 70 周岁、至 80 周岁等

2019 年重疾险以终身型居多，定期型的保险期间设置以固定保障年龄为主，保险区间统计结果见表 14。

表 14　重疾险产品保险期间统计

| 保险期间 | | 终身 | 定期—固定年龄 | 定期—固定年份 | 其他 |
|---|---|---|---|---|---|
| 比例 | 2018 年 | 51% | 28% | 21% | 0% |
| | 2019 年 | 57% | 27% | 16% | 1% |
| 变化趋势 | | ↑ | ↓ | ↓ | ↑ |

3. 交费方式

重疾险的交费方式一般分为 3 种：趸交、年交和交至固定年龄。2019 年的重疾险产品中，30% 的产品提供趸交的方式，所有产品均提供年交方式，7% 的产品提供交至固定年龄的方式。此外，在年交方式中，最为常见的设置为 10 年交、15 年交、20 年交、30 年交。

4. 犹豫期

犹豫期统计结果见表 15。

表 15　重疾险产品犹豫期统计

| 犹豫期 | | 10 天 | 15 天 | 20 天及其他 |
|---|---|---|---|---|
| 比例 | 2018 年 | 24% | 62% | 14% |
| | 2019 年 | 12% | 81% | 6% |
| 变化趋势 | | ↓ | ↑ | ↓ |

2019 年重疾险有超过 80% 的产品采用 15 天犹豫期，给予投保者更多的考虑时间，与往年相比犹豫期有延长趋势。2019 年 11 月，银保监会发布《健康保险管理办法》，规定长期健康保险产品应当设置合同犹豫期，并在保险条款中列明投保人在犹豫期内的权利。长期健康保险产品的犹豫期不得少于 15 天。因此，可以预计未来重疾险犹豫期将不会出现低于 15 天的情况。

5. 等待期

等待期统计见表 16。

表 16　重疾险产品等待期统计

| 等待期 | | 90 天 | 180 天 | 其他 |
|---|---|---|---|---|
| 比例 | 2018 年 | 54% | 45% | 1% |
| | 2019 年 | 71% | 28% | 2% |
| 变化趋势 | | ↑ | ↓ | ↑ |

重疾险的等待期多为 90 天或 180 天。2019 年重疾险有超过 70% 的产品采用 90 天等待期，与往年相比等待期有缩短趋势，从 2018 年起已连续两年向 90 天等待期靠拢，反映了在重疾险市场逐渐成熟的过程中，产品

形态演进趋势将更加有利于消费者。

## 三、重大疾病保险产品比较分析

我们对市场上终身型重大疾病保险的费率及评级情况做了抽样对比。依据2019年各保险公司的保费规模，我们将公司分为大型公司、中型公司和小型公司。

以30岁男性、交费期20年、保险期间终身的重大疾病保险产品为例进行对比，结果见表17、表18。

表17　重疾终身含身故型重大疾病保险产品评级及排名对比

| 公司类型 | 产品 | 千元保额费率 | 价格评级 | 综合评级 | 价格排名 | 综合排名 | 保障病种数 |
|---|---|---|---|---|---|---|---|
| 大型公司 | 产品A | 32.8 | ★★ | ★★★ | 5 | 4 | 110种重症+50种轻症+特定重疾（男性7种，女性7种，少儿7种） |
| | 产品B | 35.4 | ★ | ★★★ | 6 | 6 | 100种重疾+特定重疾（男性7种，女性7种，少儿3种） |
| 中型公司 | 产品C | 31.82 | ★★ | ★★★ | 4 | 5 | 110种重疾+23种中症+40种轻症 |
| | 产品D | 19.36 | ★★★★★ | ★★★★★ | 1 | 1 | 115种重疾+25种中症+40种轻症 |

（续表）

| 公司类型 | 产品 | 千元保额费率 | 价格评级 | 综合评级 | 价格排名 | 综合排名 | 保障病种数 |
|---|---|---|---|---|---|---|---|
| 小型公司 | 产品E | 21.25 | ★★★★ | ★★★ | 3 | 3 | 110种重疾+25种中症+40种轻症 |
| | 产品F | 22.65 | ★★★★★ | ★★★★ | 1 | 2 | 105种重疾+20种中症+35种轻症 |

表18　重疾终身无身故型重大疾病保险产品评级及排名对比

| 公司类型 | 产品 | 千元保额费率 | 价格评级 | 综合评级 | 价格排名 | 综合排名 | 保障病种数 |
|---|---|---|---|---|---|---|---|
| 大型公司 | 产品G | 14.07 | ★★★★ | ★★★ | 4 | 5 | 105种重疾 |
| | 产品H | 17.3 | ★★★ | ★★★★ | 5 | 2 | 100种重疾 |
| 中型公司 | 产品I | 10.03 | ★★ | ★★ | 6 | 6 | 100种重疾 |
| | 产品J | 17.2 | ★★★★★ | ★★★★★ | 1 | 1 | 115种重疾+25种中症+40种轻症 |
| 小型公司 | 产品K | 12.93 | ★★★★★ | ★★★★ | 1 | 3 | 100种重疾 |
| | 产品L | 12 | ★★★★★ | ★★★★ | 1 | 4 | 110种重疾+25种中症+40种轻症 |

从费率来看，终身含身故的重疾险产品价格明显高于终身无身故的重疾险产品，这主要是由于身故责任设置不同所导致的。重疾险是一类较为复杂的保险产品，在产品测评时，不能单从价格进行简单比较。例如，在终身无身故的重疾险产品中，大型公司的产品H价格排名第5位，但综合排名却在第2位，这是综合考虑了公司的管理水平、服务水平、风控水平等方面的结果。再比如，从保障病种来看，小型公司的产品K与大型

公司的产品H相比，保障病种数量相当，而且价格更低廉。但是，关注综合榜就会发现，产品H反超产品K。综上所述，重疾险产品的比较应结合价格、保障责任、公司评级等多方面因素进行综合考量。

## 四、重大疾病保险产品展望

### （一）重疾险产品更迭加速，创新仍需谨慎

随着轻症、中症责任和分组多次给付责任的普及度提高，重疾产品演变的速度加快，保障责任设计愈加复杂。总的来说，产品责任的设计变得更加全面、更有利于消费者，但是同时也存在一些不够合理的创新。例如，某产品责任设置可赔付112次，近乎“无限次”赔付。但是“无限次”是否噱头大于实质，风险是否真正可控，市场的认可度和接受度如何，都有待检验。

### （二）重疾险病种定义仍需进一步规范

随着重疾险涵盖病种的增加，25种标准外重疾的定义差异度较大，规范性有待提高。例如，同一病种存在多种定义，口径宽窄不一；不同病种，定义存在拆分、合并、重叠等现象；个别产品的病种定义约定宽松，逆选择风险较高，易产生理赔漏洞造成经验发生率偏离。重疾险病种定义仍需进一步规范。

### （三）重疾险费率竞争依然激烈

中小型险企在重疾险上的竞争尤为激烈，常常通过压低费率的方式提升市场份额和影响力。在这种非理性竞争趋势下，激进的产品定价叠加部分重疾发生率发生变化、赔付支出攀升，加大了保险公司经营亏损风险隐患。由于经验恶化，重疾险分保也逐渐成为问题。

### （四）重疾险与健康管理服务结合

2019 年 12 月实施的《新健康险管理办法》鼓励保险公司将健康保险产品与健康管理服务相结合，规定保险公司提供健康管理服务既可以纳入健康保险合同，也可以单独列出，并规定现行的健康管理服务成本分摊成本不得超过净保费的 20%。这也意味着，在重疾险费率和责任竞争白热化的同时，保险公司可以在健康管理上发力创新。

# 分报告四
# 年金保险产品市场调研报告

## 一、年金保险产品市场状况

### （一）年金保险产品市场发展状况

2019 年是年金保险产品处于风口浪尖的一年。受 P2P 全行业爆雷、银行打破刚性兑付、市场利率持续走低等因素影响，年金保险产品凭借其安全稳健且锁定高收益的优势受到消费者的格外青睐，其中预定利率为 4.025% 的年金产品备受瞩目。但好景不长，2019 年 8 月 30 日银保监会发布《关于完善人身保险业责任准备金评估利率形成机制及调整责任准备金评估利率有关事项的通知》，宣布“对 2013 年 8 月 5 日及以后签发的普通型养老年金或 10 年以上的普通型长期年金，将责任准备金评估利率上限由年复利 4.025% 和预定利率的小者调整为年复利 3.5% 和预定利率的小者”。同年 11 月，银保监会约谈了 13 家人身险公司的总精算师，并要求于 2019 年底停售所有预定利率为 4.025% 的年金产品。究其原因，主要在于该类产品隐藏着巨大的利差损风险。由于当前国内以银行利率为代表的全行业投资收益率呈现不断下行的趋势，银保监会采取严监管的措施以管理利率风险，保证保险业的健康发展。

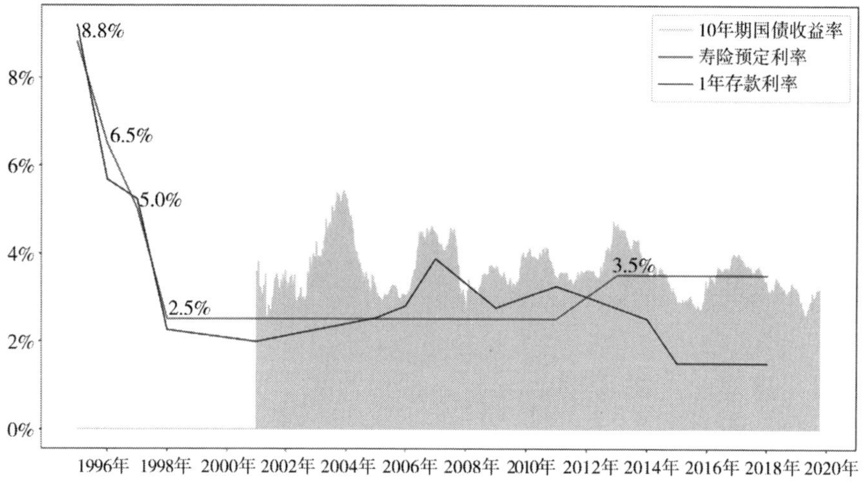


图 1　1996—2019 年 10 年期国债收益率、1 年期存款利率及寿险预定利率对比①

2019 年险企对于年金保险产品主要有两种开门红方案：一是将年金期限缩短，并搭配万能主险销售；二是炒作 4.025% 高预定利率年金险。通过我们的分析，上述两种方案均不具有可持续性，具体表现在：方案一对养老保障体系的第三支柱会产生负面影响，而方案二中预定利率并不等同于实际收益率，炒作高预定利率会给消费者带来误导。

自 2000 年始，我国已进入人口老龄化社会，即 65 岁以上老年人口至少占总人口的 7%。老龄化趋势随着时间一直在加剧，至 2019 年我国 65 岁以上的老年人口已占总人口的 12.57%。中国社科院世界社保研究中心主任郑秉文教授认为，养老体系的建设与完善势必将影响社会的和谐与政

①10 年期国债收益率数据起始年度为 2002 年。

治稳定。当前，我国已构建三支柱养老保障体系：以国家举办的基本养老保险为主体、雇主举办的企业年金和机关事业单位举办的职业年金为补充、个人投资购买的商业养老保险为基础的三层次养老保障网络。可是，三大支柱发展并不平衡，基本养老保险“一支独大”；企业年金覆盖面较窄，难以覆盖到大量中小企业职工以及灵活就业、弹性就业等新型就业人员；商业年金作为第三支柱主要供给端，基本处于缺位状态。

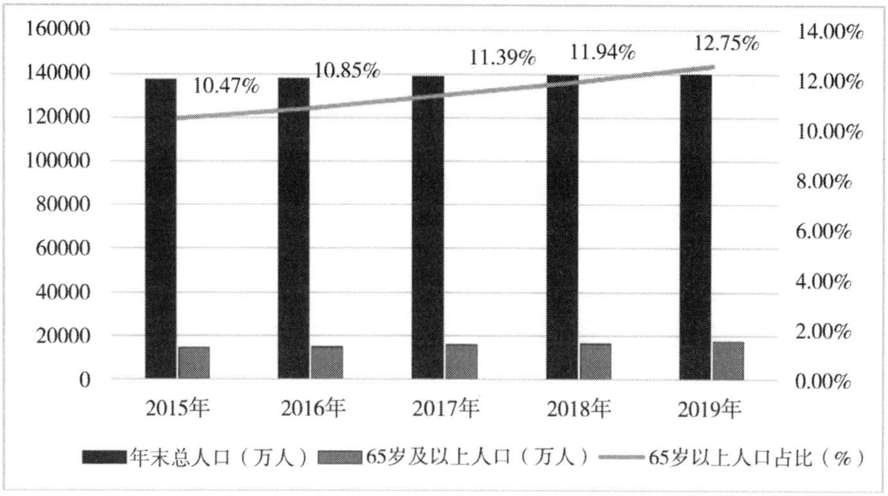


图 2　2015—2019 年中国人口老龄化程度[①]

我国多位经济学者对第一支柱做出了审慎的测算和研究：在基准情景假设下，基本养老保险将在 2037 年首次出现收支负值，2048 年将出现基金累计结余枯竭。与此同时，尽管国家使用财政补贴、借支个人账户资金等一系列措施填补历史缴费缺口，养老金替代率仍然在逐年降低，已由 2001 年的 73.2% 降至 50% 左右。世界银行指出，养老金替代率应至少达

① 数据来源：国家统计局。

到 70% 才能维持退休前的生活水平，那么第二支柱和第三支柱必须提供不少于 30% 的替代率。然而，2019 年热卖的中长期定期型年金与万能账户组成的储蓄型保单拥有更强的储蓄性质而非保障性质，无法保障被保险人的终身养老金领取，因此这种产品组合不能为个人提供完备的养老保障。

第二种方案炒作 4.025% 高利率来吸引消费者，以增加销量。但实际上，年金的定价还包含着保险公司的附加费用（如佣金、管理费等其他费用），4.025% 的高收益一般无法兑现。关于年金保险产品的实际收益率计算详见本分报告第三部分。

### （二）年金保险产品报备情况

2019 年 1 月至 11 月 18 日，保险公司总计新报备的年金保险产品共 309 款，与 2018 年前 11 个月报备的年金险数量相比，新报备的产品数量减少了近 112%。其主要原因归于以下两点：第一是自 2019 年年初起，银保监会为防范利差损风险，停止审批 4.025% 预定利率的年金产品，导致 2019 年上半年报备的年金产品较前四年均大幅减少；第二是 2018 年和 2017 年个别月份基数较高，2018 年 6 月报备数量多达 247 个，这主要是受 2018 年 5 月银保监会发布的《关于组织人身保险产品专项核查清理工作的通知》影响。

在 2019 年新报备的 309 款年金产品中，普通年金产品 151 款，占比 49%，与 2018 年所占比例基本持平；分红型产品 82 款，占比 27%，较 2018 年下降 4%。2009—2019 年普通型和分红型年金产品的报备情况详见图 3 和图 4。

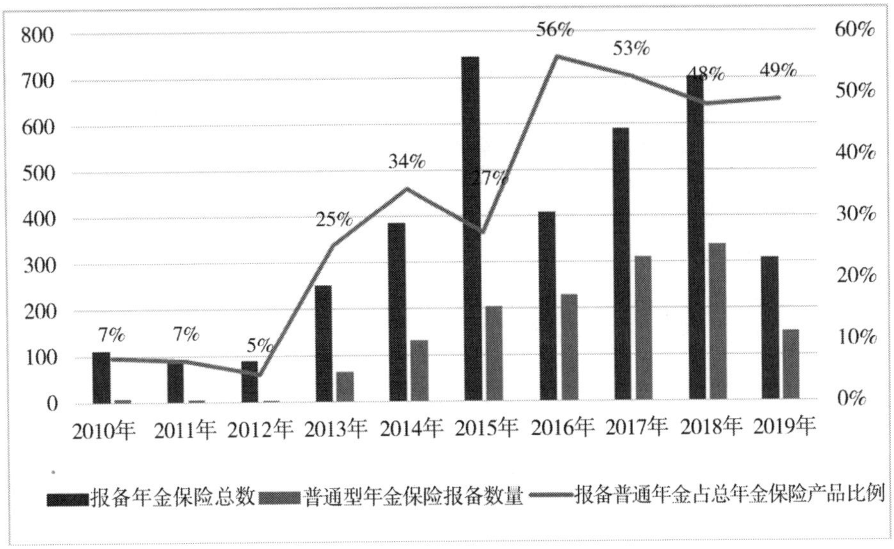


图 3　2010—2019 年普通型年金保险产品报备情况

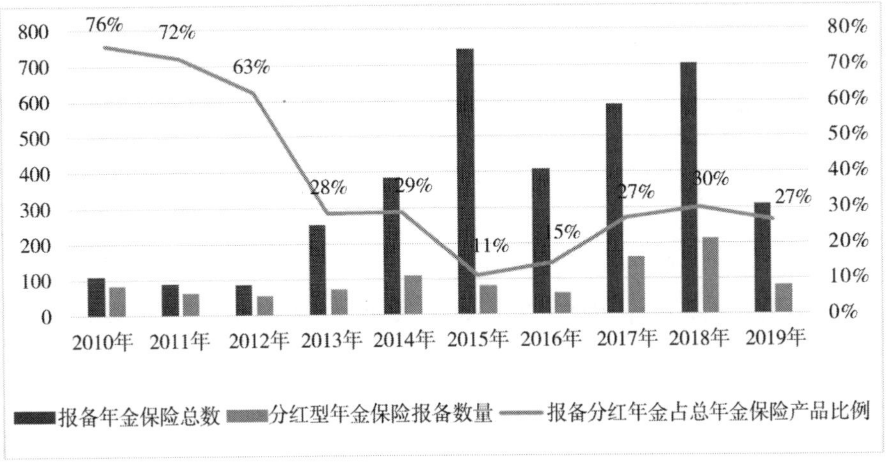


图 4　2010—2019 年分红型年金保险产品报备情况

### （三）年金保险产品数据分析来源

《分报告四——年金保险产品市场调研报告》的分析数据均来自市场公开信息，如产品条款、产品费率等。本分报告以下的统计分析结果基于73款报备年度为2019年的普通年金保险产品。

## 二、年金保险产品特征分析

### （一）保险责任

年金险的责任设置通常以生存给付为主，身故（或全残）赔偿为辅。其中生存责任又可以被划分为核心和非核心两个范畴。通常，只有较为持续的现金给付责任才可以被划分到核心范围内，如普通年金、教育金和养老金。而仅发生在特定年限给付的责任，如特定生存年金、祝寿金和满期金，均属于非核心责任。当保险条款责任仅出现“生存年金”的责任名称时，消费者需要根据该责任的具体描述来判断其本质上的年金属性。

1. 身故责任

2019年报备的年金产品在身故（或全残）保险金的责任设置方面，仍以“已交保费与现金价值两金取大”为主，但占比较2018年降低12%。另一种责任设置以年金领取日前后进行责任划分，即以领取日为“分水岭”，“领取日前赔偿额为已交保费与现金价值两金取大，领取日后给付未领取保证年金”，此设置方式占比也呈下降趋势。而“身故退还已交保费”的年金保险产品占比则上升近7%，具体见表1。

表 1　身故责任给付内容统计

| 身故责任给付内容 | 2018 年 | 2019 年 | 变化趋势 |
| --- | --- | --- | --- |
| 已交保费和现金价值两金取大 | 65% | 53% | ↓ |
| 年金领取日前后进行责任划分 | 15% | 10% | ↓ |
| 退还已交保费 | 3% | 10% | ↑ |

2. 核心责任

普通年金：在保险条款中，通常以“生存年金”“生存保险金”和“年金”三种名称出现。该项责任一般从某个保单周年日或特定年龄起，给付被保险人一定数额的生存保险金，包含定期给付和终身给付，起到平滑各个年龄段收入，规避经济波动风险，保全资产的作用。普通年金一般适合拥有短期高收入的人群，如运动员、网络红人、模特等。

教育金：在保险条款中，通常以“教育金”“深造金”和“成长金”等与教育相关的名称出现。该项责任应在 14—28 周岁的教育年龄段集中给付，否则不能被称为教育金产品。由于年金保险具有强制储蓄的功能，被打上“教育”标签的年金能有效做到专款专用，避免其他消费侵占教育资金，防范风险，给成长阶段的青少年提供资金保障。

养老金：在保险条款中，此类责任项除了被称为“养老金”外，还可能被命名为“关爱金”“呵护金”和“祝福金”等。该项责任应在高龄（退休年龄或 60 周岁附近）开始集中持续给付，非该时期进行主要给付的产品不能被称为养老金产品。作为年金产品中最广为人知的一项责任，养老金能够在被保险人处于低收入或无收入状态时为被保险人提供生活保障，是绝大多数人应对老年生活最重要的金融工具。这类责任应该逐渐成为年金产品的主要承保责任。

3. 非核心责任

特定生存年金：顾名思义，该项责任即在某一约定的保单周年日或被保险人约定年龄给付一定数额的年金。在条款中有时表现为“学业有成金”“祝寿金”和“特别关爱金”等。

满期金：被保险人生存至合同期满时的单次给付责任，有时也可能包含条款中的“满期保险金”“创业金”“祝寿金”和“关爱金”等。需要注意的是，如果满期金的金额设置过高，会直接稀释教育金和养老金这类核心年金责任领取期的领取金额。

表 2　年金保险责任统计

| 保险责任 | | 普通年金 | 教育金 | 养老金 | 特定生存年金 | 满期金 |
|---|---|---|---|---|---|---|
| 比例 | 2018 年 | 68% | 11% | 37% | 33% | 45% |
| | 2019 年 | 77% | 8% | 30% | 51% | 55% |
| 变化趋势 | | ↑ | ↓ | ↓ | ↑ | ↑ |

我们在统计 2019 年新报备的 73 款普通年金产品的各项保险责任后得到了表 2。与 2018 年相比，普通年金、特定生存年金、满期金的占比进一步攀升，设计教育金和养老金的年金产品同比分别减少 3% 和 7%，这是因为近几年人身险公司主要销售搭配万能险账户的 15 年保险期的年金险。

但由于表 2 是产品责任项的统计结果，即涵盖多项责任的产品会被重复计入各项保险责任中。因此，我们根据上述“教育金”“养老金”的定义，对 2019 年市面上不同类型的年金产品数量进行统计，统计结果见表 3。

表 3　年金保险产品类型统计

| 年金产品 | 比例 | | 变化趋势 |
|---|---|---|---|
| | 2018 年 | 2019 年 | |
| 教育金 | 10% | 7% | ↓ |
| 养老金 | 23% | 16% | ↓ |
| 普通年金 | 53% | 77% | ↑ |

由表 3 可以看到，市场上普通年金保险产品的占比越来越大，而专门保障教育和养老的年金保险产品占比呈递减趋势。

4. 附加责任

保险费豁免：投保人在交费过程中发生保险合同约定的情况，比如死亡、全残或者罹患规定的疾病，保险公司免除保险合同应交未交保费。

对于消费者来说，保险费豁免是非常有必要关注的一项责任。原因在于年金保险产品保费普遍较高，一旦投保人遭遇严重风险事故，中断收入，就很难继续缴纳保费，年金保险产品便会成为家庭的巨大负担之一，这便与购买保险的本意背道而驰。因此，在选择教育金、养老金这两类长期缴费的年金保险产品时，消费者要格外注意保险费豁免这一责任项。

## （二）免责条款

免责条款的设计是为了维护投保人和承保公司合同交易的公平和公正，一般从被保险人或者投保人的故意行为（如自杀）、不可抗力因素

（如自然灾害）、犯罪行为和战争、核爆炸等方面设计。一直以来，年金只对身故（或全残）保障责任设置免责，加之其杠杆率较低，所以免责条款的具体内容和数量一般不会影响消费者的选择。

从表3看，相较于前一年，2019年免责条款数量有增加的趋势，如设计5—8条的年金产品占比分别增加3%、1%和4%，而设计3条免责的年金险比例从11%减少至4%。

表4 年金保险免除责任比例统计

| 免责数量 | | 3条 | 5条 | 7条 | 8条 |
|---|---|---|---|---|---|
| 比例 | 2018年 | 11% | 7% | 67% | 4% |
| | 2019年 | 4% | 10% | 68% | 8% |
| 变化趋势 | | ↓ | ↑ | ↑ | ↑ |

2019年年金险最常见的8条免责条款出现的比例及其变化趋势如表5所示。

表5 年金保险产品免除责任条款统计

| 免责条款内容 | | 比例（%） | | 变化趋势 |
|---|---|---|---|---|
| | | 2018年 | 2019年 | |
| 1 | 投保人对被保险人的故意杀害、故意伤害 | 100% | 100% | → |
| 2 | 被保险人故意犯罪或者抗拒依法采取的刑事强制措施 | 100% | 100% | → |
| 3 | 被保险人酒后驾驶，无合法有效驾驶证驾驶，或驾驶无有效行驶证的机动车 | 81% | 93% | ↑ |

（续表）

| 免责条款内容 | | 比例（%） | | 变化趋势 |
| --- | --- | --- | --- | --- |
| | | 2018 年 | 2019 年 | |
| 4 | 被保险人在本合同成立日或最后复效日（以较迟者为准）起两年内自杀，但被保险人自杀时为无民事行为能力人的除外 | 100% | 90% | ↓ |
| 5 | 被保险人主动服用、吸食、注射毒品 | 80% | 90% | ↑ |
| 6 | 核爆炸、核辐射或核污染 | 74% | 83% | ↑ |
| 7 | 战争、军事冲突、暴乱或武装叛乱 | 74% | 83% | ↑ |
| 8 | 被保险人未遵医嘱，私自服用、涂用、注射药物 | 4% | 10% | ↑ |

## （三）普通条款

### 1. 投保年龄

教育金的领取时间一般从 18 周岁起，再根据前保监会 134 号文件规定，“两全保险、年金保险首次生存金给付应当在保单生效满 5 年以后”，使得教育金投保年龄上限卡在 13 周岁，其投保年龄的下限通常为 5 天、28 天、30 天和 0 周岁。

2019 年养老年金的投保年龄区间有放宽趋势：新报备的产品最低投保年龄设置均低于 50 岁，而最高投保年龄延至 80 岁。养老金投保年龄较 2018 年变化详情具体参见表 6 和表 7。

表 6　养老年金最低投保年龄统计

| 最低投保年龄 | | 不超过 30 天 | 18 岁 | 35 岁 | 40 岁 | 50 岁 | 未规定最低年龄 |
|---|---|---|---|---|---|---|---|
| 比例 | 2018 年 | 79% | 5% | —— | —— | 4% | 8% |
| | 2019 年 | 68% | 5% | 5% | 5% | —— | 19% |
| 变化趋势 | | ↓ | → | —— | —— | —— | ↑ |

表 7　养老年金最高投保年龄统计

| 最高投保年龄 | | 不超过 50 岁 | 51—60 岁 | 61—70 岁 | 80 岁 | 未规定最高年龄 |
|---|---|---|---|---|---|---|
| 比例 | 2018 年 | 5% | 47% | 42% | —— | 8% |
| | 2019 年 | 5% | 38% | 33% | 5% | 19% |
| 变化趋势 | | —— | ↓ | ↓ | —— | ↑ |

2. 交费方式

年金交费方式较为灵活，投保人既可以选择一次性缴清，也可以选择按年缴款。一般而言，交费期限延长，投保人每年应付的保费就会削减，可以缓解交费压力，但需要注意的是累计总交保费会更多。

2019 年的统计结果表 8 显示，年金险交费期限仍以 3 年交和 5 年交为主，但占比均回调至 50% 左右。接着是 10 年交和趸交，而趸交占比已经从 2017 年及以前的 67% 下降至 29%。除部分产品提供 15 年和 20 年交费期限外，个别产品新增 6 年和 8 年两个期限。由表 8 可发现，每种交费方式占比均呈下降趋势，因为在 2019 年报备的年金保险产品设计中，保险公司减少了投保人交费期限的选择数量，如 2018 年报备的年金产品平均每款提供 3.1 种交费期限，2019 年的平均数仅为 1.7 种。

表 8　年金保险主要交费期限统计

| 交费期限 | | 趸交 | 3 年 | 5 年 | 10 年 | 15 年 | 20 年 |
|---|---|---|---|---|---|---|---|
| 比例 | 2018 年 | 53% | 83% | 85% | 64% | 10% | 16% |
| | 2019 年 | 29% | 51% | 49% | 36% | 4% | 6% |
| 变化趋势 | | ↓ | ↓ | ↓ | ↓ | ↓ | ↓ |

3. 年金领取

普通年金首次领取的时间通常是持有保单后的某个周年日，2019 年报备的年金产品普遍设置为第 5 个、第 7 个或第 10 个保单周年日。教育金和养老金则以特定年龄为界。教育金的首次领取时间仍以 18 周岁为主，也有个别产品被设计为 15 周岁。以往，养老年金会提供多个首次领取年龄供消费者选择，一般有 55 周岁、60 周岁和 65 周岁，但 2019 年呈现了单一化选择和延迟的趋势。具体体现在“60 周岁作为唯一领取年龄”和“70 周岁再开始领取”的设计占比有所增加。

投保人在购买养老年金时，除了要选择首次领取年龄外，还需约定年金给付方式。给付方式一般有年付和月付两种，按月领取的金额常设置为年领取额度的 1/11.86、8.4% 或 8.5%。

4. 保险期间

年金保险的期间设置有三种：固定年限、固定年龄和终身，其中至 100 周岁及以上年龄的保险期间被统计在终身范畴内。具体统计结果如表 9 所示。

表 9　年金保险产品保险期间统计

| 保险期间 | | 固定期限 | 固定岁数 | 终身 |
|---|---|---|---|---|
| 比例 | 2018 年 | 31% | 16% | 52% |
| | 2019 年 | 60% | 10% | 38% |
| 变化趋势 | | ↑ | ↓ | ↓ |

由表 9 我们可以看到，越来越少的年金产品提供固定岁数及终身的保险期间。一般而言，教育金会设计固定岁数的保险期间，主要为至 22 周岁、至 28 周岁和至 30 周岁。极个别的年金产品会设计保障至 88 周岁。

固定期限的占比上升近 30%，其中最主要的依然是保障期为 15 年的产品比例约为 63%。期限通常以 5 年为跨度，最少 10 年，最多 30 年。

此外，作为以往主流的终身年金产品，数量相比前一年减少 14%，其主要原因是 2019 年开门红主打的终身年金险为高预定利率，但银保监会在年初就宣布停止审批预定利率为 4.025% 的年金产品。

5. 犹豫期

2019 年犹豫期的设置同前一年对比变化不大，仍以 15 天为主，同比仅减少 0.7%；10 天期限占比从 2018 年“拦腰斩”后，持续下降；此外，越来越多的年金产品将 20 天犹豫期写进保险条款，这意味着投保人可以在更长时间范围内判断购买决策的合理性。

表 10　年金保险产品犹豫期统计

| 犹豫期间 | | 10 天 | 15 天 | 20 天 | 21 天 |
|---|---|---|---|---|---|
| 比例 | 2018 年 | 24% | 65% | 7% | 1% |
| | 2019 年 | 22% | 64% | 8% | —— |
| 变化趋势 | | ↓ | ↓ | ↑ | —— |

6. 保单借款

保单借款也称为保单贷款，指在保险期限较长的人寿保险中，若保单已经积累了一定的现金价值，保单持有者可以将保单抵押给保险公司进行贷款。保单贷款可以在不损失退保费用的情况下，满足保单持有者短期资金周转的需求，且不影响保单原有的保障功能。相比于其他方式的贷款，保单贷款手续简单。此外，保单持有人与保险公司之间不形成债权债务关系，即使贷款人逾期不能还款，也不会被追究债务责任。

目前，市面上大多数产品的保单贷款金额普遍为保单现金价值的80%，期限为6个月。贷款利率通常会在保险条款中说明，且一般低于银行贷款利率。若投保人逾期未能偿还贷款本金和利息，本息记为新贷，相当于半年复利。当欠款达到合同现金价值，那么保单合同的效力中止，保险公司不再承担保险责任，但投保人拥有申请合同复效的权利，可以在中止两年内将欠款补齐申请复效。如果投保人超过两年未补齐欠款，则合同彻底失效。

## 三、年金保险产品比较分析

上文提到2019年银保监会对高预定利率的年金保险产品采取严监管的措施，自年初起就停止审批预定利率为4.025%的年金险产品，且要求截止2019年末完全停售该类产品。在这样的背景下，2019年保险企业对4.025%预定利率的年金险产品的宣传加大了力度，更有代理人打出“再不上车就晚了”的宣传词。然而，我们需要再次强调的一点是，年金产品所宣称的 4.025% 收益率是预定利率，而非最终获得的实际收益率。

内部收益率（Internal Rate of Return，简称 IRR），即投资与收益的净现值为零所反解的实际收益率，该收益率依赖于每个具体项目的现金流，是对货币时间价值的一种度量。对于年金产品，未来的净现金流的折现价值之和为零解出的贴现率就是预定利率，也是年金产品在整个产品生命期内的平均预计的收益率。本报告按照上述定义求解和评估年金产品的 IRR，帮助从业者和消费者比较不同年金产品的收益能力。

以 2019 年某款热销的终身年金产品 A 为例，表 11 为产品 A 的基本条款。

表 11　产品 A 的基本条款

| | |
|---|---|
| 预定利率 | 4.025% |
| 保险期间 | 终身 |
| 交费方式 | 趸交、3/5/10/15/20 年交 |
| 约定开始领取年龄 | 55/60/65/70 周岁 |
| 年金领取方式及数额 | 年领（100% 基本保额） |
| | 月领（8.5% 基本保额） |

假设某 30 周岁的男性购买了此产品，选择 3 年期交的交费方式，年交保费 10 万元，领取时间约定为 60 周岁，领取方式为按年领取。根据该产品的利益演示表，可以找到总缴保费 10 万元对应的基本保额为 39900 元，所以从 60 周岁开始他可以每年领取 39900 元。

我们依据下表模版，将保单相关信息输入 Excel。对应各保单年度，如果投保人在当年末选择退保，则“当年现金流”为领取的年金数额与当年应交保费作差；如果投保人在当年选择退保，“当年现金流”为保单的现金价值与当年应交保费之差。根据每年的现金流，在 Excel 的单元格中输入“=IRR（现金流序列）”即可得到给定条件下该产品的 IRR。表 12 是假设上述男性投保人在 61 岁选择退保，计算出产品的 IRR 为 3.79%。

表 12　产品 A 的 IRR 计算示例

| 保单年度 | 年龄（岁） | 应交保费（元） | 年金领取（元） | 现金价值（元） | 当年现金流（元） |
|---|---|---|---|---|---|
| 0 | 30 | 100000 | 0 | | -100000 |
| 1 | 31 | 100000 | 0 | 65427 | -100000 |
| 2 | 32 | 100000 | 0 | 152668 | -100000 |
| 3 | 33 | 0 | 0 | 251050 | 0 |
| 4 | 34 | 0 | 0 | 266154 | 0 |
| 5 | 35 | 0 | 0 | 282175 | 0 |
| 6 | 36 | 0 | 0 | 299171 | 0 |
| 7 | 37 | 0 | 0 | 317190 | 0 |
| 8 | 38 | 0 | 0 | 336293 | 0 |
| 9 | 39 | 0 | 0 | 356547 | 0 |
| 10 | 40 | 0 | 0 | 378020 | 0 |
| …… | | | | | |
| 25 | 55 | 0 | 0 | 723032 | 0 |
| 26 | 56 | 0 | 0 | 752086 | 0 |
| 27 | 57 | 0 | 0 | 782303 | 0 |
| 28 | 58 | 0 | 0 | 813730 | 0 |
| 29 | 59 | 0 | 0 | 846415 | 0 |
| 30 | 60 | 0 | 39900 | 840520 | 39900 |
| 31 | 61 | 0 | 39900 | 834381 | 874281 |
| | | | | IRR | 3.79% |

该产品趸交、3年期交、5年期交和10年期交的IRR分别如表13和图5所示。

表13 产品A不同交费期IRR

| 交费方式 | 10年IRR | 30年IRR | 50年IRR | 70年IRR | 最高IRR |
|---|---|---|---|---|---|
| 趸交 | 2.85% | 3.83% | 3.88% | 3.87% | 3.88% |
| 3年期交 | 2.60% | 3.78% | 3.85% | 3.84% | 3.85% |
| 5年期交 | 2.49% | 3.79% | 3.86% | 3.85% | 3.86% |
| 10年期交 | 1.85% | 3.76% | 3.84% | 3.83% | 3.84% |

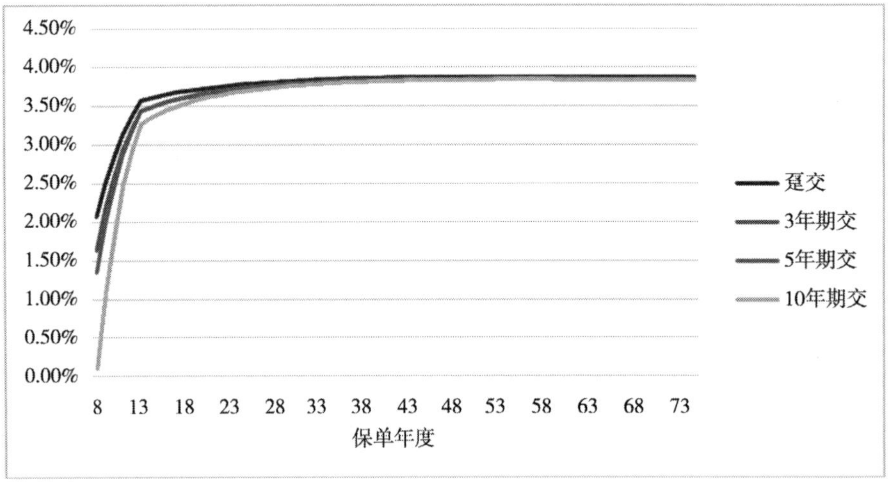


图5 产品A不同交费期IRR

我们另外找到2款以4.025%为预定利率的终身年金产品进行比较分析。为了保证对比的公平性，选取统一投保方案：投保人为30周岁男性，年金领取时间为60周岁且按年领取。产品B和产品C的具体IRR分析结果参照表14、表15和图6、图7。

表 14　产品 B 不同交费期 IRR

| 交费方式 | 10 年 IRR | 30 年 IRR | 50 年 IRR | 70 年 IRR | 最高 IRR |
|---|---|---|---|---|---|
| 趸交 | 3.60% | 3.88% | 3.89% | 4.23% | 4.32% |
| 3 年期交 | 3.06% | 3.73% | 3.78% | 4.13% | 4.23% |
| 5 年期交 | 2.95% | 3.71% | 3.77% | 4.14% | 4.24% |
| 10 年期交 | 2.52% | 3.69% | 3.76% | 4.14% | 4.25% |

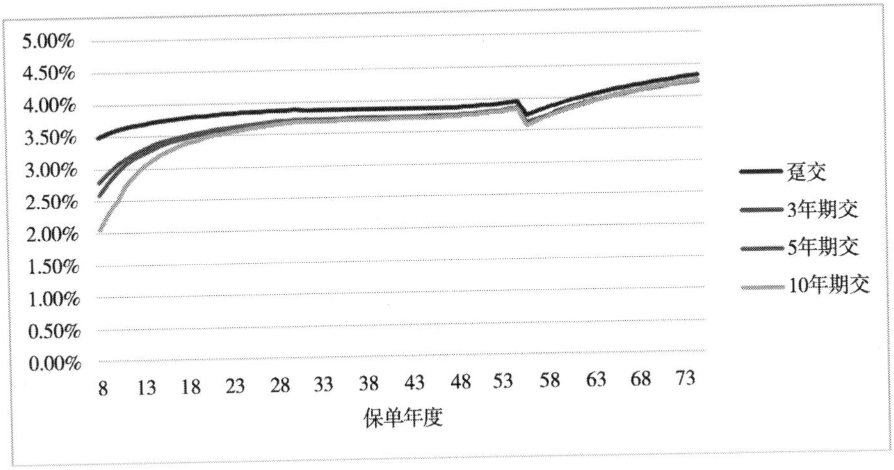


图 6　产品 B 不同交费期 IRR

表 15　产品 C 不同交费期 IRR

| 交费方式 | 10 年 IRR | 30 年 IRR | 50 年 IRR | 70 年 IRR | 最高 IRR |
|---|---|---|---|---|---|
| 3 年期交 | 2.86% | 3.33% | 3.40% | 3.39% | 3.40% |
| 5 年期交 | 2.81% | 3.34% | 3.40% | 3.39% | 3.40% |
| 10 年期交 | 2.79% | 3.38% | 3.43% | 3.41% | 3.43% |

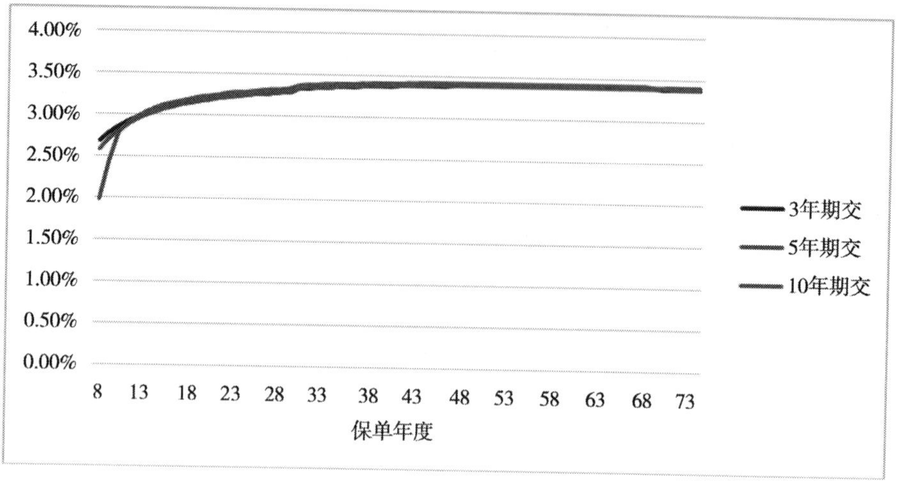


图 7 产品 C 不同交费期 IRR

通过计算比较可以发现，对于同一年金产品，交费方式对产品 IRR 的影响在前期较大，到了中后期其影响微乎其微；且短期交费方式对应的 IRR 会略高于中长期交费方式对应的 IRR 数额。

根据以上 3 款产品的结果分析，我们看到年金产品的 IRR 一般会随着时间（年龄）的增长而提高，其中产品 B 的 IRR 显著高于其他 2 款产品，该产品趸交方式对应的 IRR 最大值甚至可以达到 4.32%，这是由于产品 B 的养老保险金保证给付至 85 周岁。若被保险人在 85 周岁后仍然存活，他将继续领取养老金，所以该产品在 85 周岁（第 55 个保单年度）后，养老金给付存在一定的或有性。而在第 55 个保单年度及之前，产品 B 的 IRR 均处于 4.00% 以下的水平。

根据 2019 年世界卫生组织的统计，中国的人口统计人均寿命为 76.1 岁。因此，我们取 76 周岁（第 46 个保单年度）时各产品的 IRR 表现做进一步分析，统计结果见表 16。

表 16　第 46 个保单年度时各产品不同交费期的 IRR 统计

| 交费方式 | 产品 A | 产品 B | 产品 C |
| --- | --- | --- | --- |
| 趸交 | 3.88% | 3.87% | —— |
| 3 年期交 | 3.84% | 3.75% | 3.39% |
| 5 年期交 | 3.85% | 3.75% | 3.39% |
| 10 年期交 | 3.83% | 3.73% | 3.42% |

从表 16 可以看到，在所选取的 3 款产品中，没有一款产品的 IRR 在第 46 个保单年度可以达到 4.025%。因此，保险公司在设计年金产品时，将预定利率作为卖点可能会引起消费者的误解，存在过度宣传的嫌疑。消费者在选择年金产品时，也需从自身实际需求出发，谨慎考虑。

## 四、年金保险产品展望

2020 年 1 月 23 日，中国银保监会等 13 部门联合发布《关于促进社会服务领域商业保险发展的意见》(简称《意见》)。《意见》指出要强化商业养老保险保障功能，大力发展商业养老年金保险，推动商业保险机构加快开发投保简便、交费灵活、收益稳健的个人账户式商业养老保险产品。鼓励商业保险机构发展有助于实现养老金融产品年金化领取的保险产品，满足消费者终身领取、长期领取需求。充分发挥商业养老保险作用，支持养老保险第三支柱发展。

根据中国发展基金会发布的《中国发展报告 2020：中国人口老龄化的发展趋势和政策》测算，2020 年中国 65 岁及以上的老年人约有 1.8 亿，约占总人口的 13%；2050 年中国 65 岁及以上的老年人将接近 3.8 亿，占总人口比例达到 27.9%。如果以 60 岁及以上作为划定老年人口的标准，到 2050 年中国将有近 5 亿老年人。人口老龄化程度持续加深直接导致老年人口抚养比的不断提高。抚养比越大，表明劳动力人均承担的抚养人数就越多，即意味着劳动力的抚养负担就越严重，从而催生更为迫切的养老保障需求。另外，长寿时代的到来也使得庞大的老年人群“富足而退”，他们将创造出巨大的市场需求。因此，对消费者而言，如何利用年金保险等商业保险产品来完善自身的养老规划，是值得重视的问题；对保险公司而言，面对未来巨大的养老保险市场，如何与国家政策紧密结合、研发出更多价格适当、责任灵活、服务高效的年金保险产品，也是一个重大课题。

基于当前年金产品市场的发展状况，我们提出以下几点展望：

（1）明确产品定位，切实保障消费者各阶段的资金需求

年金保险产品实际是一种长期稳健的理财方式，在锁定长期收益的同时提供稳定的现金流。在当前银行打破刚兑、市场利率持续走低的背景下，即便年金保险产品预定利率下滑，其市场前景依然广阔。对于消费者而言，通过有效的年金产品规划投资可以满足其在教育金、婚嫁金、养老金等不同方面的资金需求。然而，目前市场上在售的年金产品中，许多产品的定位不明确，产品名称与责任关系不匹配。若以儿童教育保障为主要责任，则应有针对性地提供被保险人各阶段教育资金；若以养老保障为主要责任，则应在被保险人退休后提供长期且可观的养老金现金流。

此外，作为商业养老保险的主力军，养老年金保险并没有充分发挥其养老保障作用。具体地，从规模上看，教育年金在年金保险产品中占有相当的比例，养老年金只占其中一小部分。且在养老年金中，相当一部分的定期年金险开始领取年龄是50或55周岁，60周岁及以上开始领取的养老年金占比很小。因此，从这个意义上说，当前年金险市场规模并不能真实反映中国目前“商业养老保险”或“养老年金险”的真实情况。因此，未来年金产品的定位应更加明确，在充分发挥养老保障作用的基础上进行个性化、多样化的开发设计，从而刺激消费者对于年金产品的需求。

（2）科技赋能产品创新，有效解决产品同质化难题

目前，我国养老年金保险产品市场同质性竞争非常明显，不同公司的很多产品不仅名称相似，而且保障范围、责任费率都较为接近，产品形态相对单一。在发达国家，商业养老保险提供的年金产品包括：共同年金、即期年金、定额年金、变额年金、指数型年金等，这些形式丰富的年金产品在我国保险市场非常少见。这使得我国年金保险市场难以真正发挥养老保障功能，在制度安排上距离其个人和家庭养老保障补充手段的定位存在较大差距。

科技手段的全面赋能有望解决年金产品同质化的难题。养老金融产品的目标客群覆盖范围广，科技的广泛应用可以赋能保险公司根据各细分客群的年龄、职位、消费习惯等选择针对性的渠道，利用数据驱动的线上精准营销来提高获客率。保险公司可以与社交媒体、搜索引擎平台或其他互联网公司建立合作，为客户提供定制化的年金产品方案和定价，推动行业数字化转型，助力养老年金保险产业的高质量发展。

# 分报告五
# 万能保险产品市场调研报告

万能保险是账户型产品，属于新型保险产品，与传统的保障型保险产品有所不同，因此本分报告结构与其他产品报告结构略有不同。

## 一、万能保险产品市场状况

### （一）万能保险产品市场发展状况

2017年，在“保险业姓保”的导向下监管趋严，导致偏重投资的新型保险产品收入下滑。2017年万能险保费收入较2016年缩水了50%，占人身险保费收入的比例也下降到不足20%。经历了2017年万能险保费的调整期后，2018年万能险保费增速回升明显。2019年万能险保费收入持续增长，较2018年增长约9.52%，占人身险保费收入的比例略有下降，但依旧超过了20%。具体见图1。

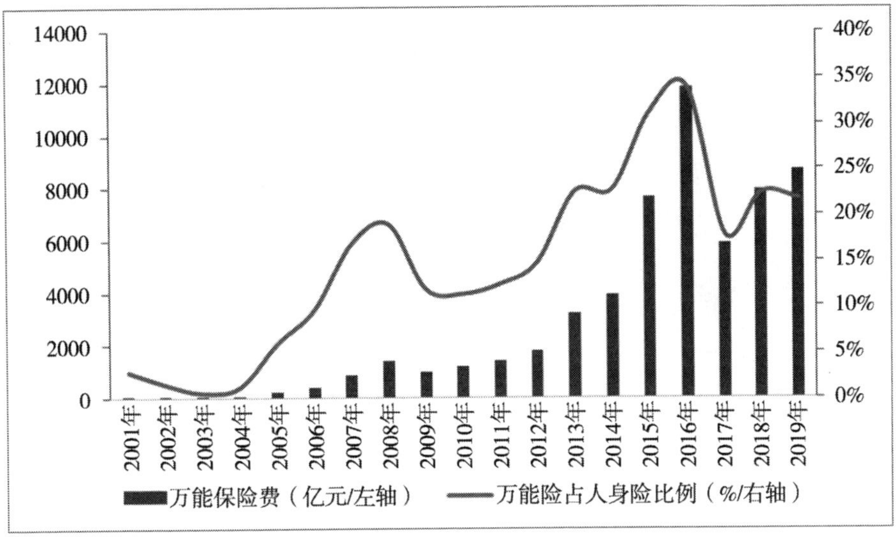


图 1　万能险保费收入及其占人身险保费收入的比例

## （二）万能保险产品报备情况

万能险在 2015—2016 年迅猛发展的同时，也经历了“险资举牌”“资产负债久期不匹配”等问题。现如今，万能险产品热度已逐渐回归理性。2019 年保险公司报备个人万能险产品共 95 款，占所有新报备的个人人身险产品的 5%。

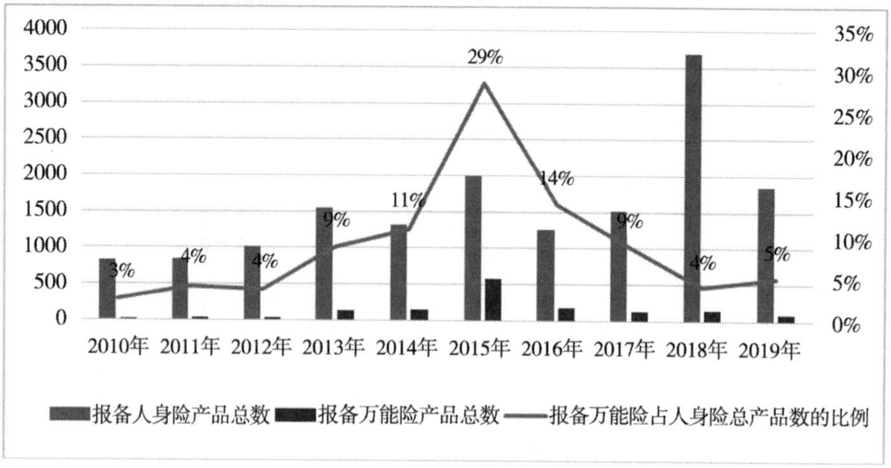


图 2　2010—2019 年万能险产品报备情况

### （三）万能保险产品数据分析来源

《分报告五——万能保险产品市场调研报告》的分析数据均来自市场公开信息，如产品条款、产品费率等。除了“历史结算利率”部分，本分报告以下的统计分析结果均基于72款报备年度为2019年的万能保险产品。

## 二、万能保险产品特征分析

### （一）保险责任

万能险的保险责任基本均为身故赔付，赔付额通常以账户价值、已交保费或基本保额为赔付基础，不同的产品会围绕赔付基础设置不同的赔付细则。根据统计数据，约有 22% 的产品身故直接给付账户价值；约 25% 的产品身故给付账户价值与已交保费减去部分领取、减去年金 / 养老金领取的较大值；约53%的产品会依据年龄段设置不同的给付比例，一般18周岁前、18—40周岁、41—60周岁、61周岁及以后身故，比例分别为100%、160%、140%、120%，将赔付基础乘以上述比例即为身故赔付值；仅有3%的产品在依据年龄段设置不同的给付比例的同时，还会为疾病身故设置赔付标准。

### （二）免责条款

绝大多数万能保险的免责条款设计为7条，且几乎均涉及故意伤害、违法犯罪、自杀、吸食或注射毒品、战争暴乱、核辐射等常见的免责条款。具体分布情况见表1。

表1　万能险产品免责条款统计

| 免责条款 | | 比例 |
|---|---|---|
| 1 | 投保人对被保险人的故意杀害、故意伤害 | 100% |
| 2 | 被保险人故意自伤、故意犯罪或者抗拒依法采取的刑事强制措施 | 100% |
| 3 | 被保险人自本合同成立或者合同效力恢复之日起2年内自杀，但被保险人自杀时为无民事行为能力人的除外 | 100% |
| 4 | 被保险人酒后驾驶，无合法有效驾驶证驾驶 ，无合法有效驾驶证驾驶，或驾驶无有效行驶证 ，或驾驶无有效行驶证的机动车 | 87% |
| 5 | 被保险人主动吸食或注射毒品 | 85% |
| 6 | 战争、军事冲突、暴乱或武装叛乱 | 82% |
| 7 | 核爆炸、核辐射或核污染 | 82% |

（续表）

| | 免责条款 | 比例 |
|---|---|---|
| 8 | 被保险人从事潜水、滑水、滑雪、滑冰、滑翔翼、热气球、跳伞、攀岩、探险活动、武术比赛、摔跤比赛、柔道、空手道、跆拳道、拳击、特技表演、蹦极、赛马、赛车、各种车辆表演及车辆竞赛等高风险运动 | 1% |
| 9 | 被保险人感染艾滋病病毒或患艾滋病 | 1% |

## （三）万能保险产品特有条款

2015年保监会发布的《中国保监会关于万能型人身保险费率政策改革有关事项的通知》（保监发〔2015〕19号）中对万能保险相关费用的收取上限做出了明确的规定。具体规定保费收取上限总结参见表2，万能保险可以并且仅可以收取以下几种费用：初始费用、死亡风险保险费、保单管理费、手续费、退保费用。由于万能保险存续期较长，部分产品虽已停售，但相应账户依然存续并获取收益，因此部分老产品的保险条款中关于费用的收取可能已不符合上述文件的要求。

表2　万能保险费用收取上限

| 费用类型 | | 计算方式 | 收费上限 |
|---|---|---|---|
| 初始费用 | 期交基本保费 | 比例 | 第一年50%，第二年25%，第三年15%，第四、五年10%，以后每年5% |
| | 额外保费 | | 5% |
| | 追加保费 | | 3% |
| | 趸交保费 | | 5万元及以下5%，5万元以上3% |
| | 团体保费 | | 5% |

（续表）

| 费用类型 | 计算方式 | 收费上限 |
|---|---|---|
| 退保费用及部分领取费用 | 比例 | 第一年 5%，第二年 4%，第三年 3%，第四年 2%，第五年 1%，第六年及以后 0% |
| 保单管理费 | 固定金额 | 不得以保单账户价值一定比例的形式收取保单管理费 |

1. 初始费用

初始费用即保险费进入万能账户之前扣除的费用，初始费用的扣取方式依交费方式的变化而有所差别。市场上万能险产品的交费方式以趸交、追加、转入和期交为主，交费方式的统计见表 3。一般而言，消费者在初始交费时需要选择趸交或者期交的交费方式，并在后期可以选择追加、转入的交费方式。万能险之所以“万能”，就是在于产品的灵活性。

表 3　万能险交费方式统计

| 交费方式 | 比例 |
|---|---|
| 趸交、追加 | 33% |
| 期交、追加 | 1% |
| 趸交、追加、转入 | 56% |
| 期交、追加、转入 | 7% |
| 趸交、期交、追加、转入 | 3% |

（1）趸交

趸交即一次性交清保费。趸交保费的初始费用多以一个固定比例扣取，统计分析的万能险产品中，以一个固定比例扣取趸交保费初始费用的产品占所有以趸交方式交费产品的 95%。而在所有以固定比例扣取趸交保费初始费用的产品中，有 40% 的产品扣费比例为 1%，3% 的产品扣费比例处于 1%—2% 之间，16% 的产品扣费比例为 2%，41% 的产品扣费比例为 3%。

少数产品会设置一个分界线，如 5 万元或 10 万元，趸交保费在分界线以上的支付较低比例的初始费用，趸交保费在分界线以下的支付较高比例的初始费用。如某产品规定，“趸交保费在 10 万元以下扣费比例为 3%，10 万元以上扣费比例为 2%”。极少数产品并未明确详细扣费比例，只说明不超过 5%。

（2）追加

追加保费是相对灵活的交费方式，投保人在保单中选择了变额交费方式后，可在保单年度内随时交纳任意金额的保险费进入投资账户进行投资。统计分析的万能险产品中，追加保费的初始费用同样均以一个固定比例扣取。在同时可以以趸交、追加方式交费的万能险产品中，95% 的产品趸交保费和追加保费扣费比例一致。

**表 4　万能险追加保费的扣费比例统计**

| 扣费比例 | 比例 |
| --- | --- |
| 1.0% | 38% |
| 1.3% | 1% |
| 1.5% | 1% |
| 2.0% | 18% |
| 2.5% | 1% |
| 3.0% | 39% |
| 不超过 5.0% | 1% |

（3）转入

转入保费是指从其他保险给付转入万能险账户。比如，年金保险（万能型）产品，领取的年金就可以转入万能险账户。转入保费的初始费用均以一个固定比例扣取。在所有 47 款包含转入方式交费的产品中，有 94% 的产品扣费比例为 1%，6% 的产品扣费比例为 0.5%。

（4）期交

期交保费是指定期缴纳保险费用。由于万能险保费交费方式灵活，所有产品均可追加保费，多数产品可趸交保费，期交保费也可以通过趸交和追加保费组合交费的方式实现，加之期交保费一般前几期扣费比例较高，故仅有少数产品在条款中包含了期交保费的交费方式，在报告统计分析中仅有 8 款产品在条款中包含了期交保费的交费方式（见表 5）。

考虑到多数产品的趸交保费与期交保费的扣费比例相同，总体来看，除了产品 E 期交保费扣费比例与追加保费扣费比例相同，以及产品 H 后期期交保费扣费比例明显小于追加保费扣费比例以外，其他产品的期交保费扣费相较追加保费并无明显优势，少数产品的期交保费扣费比例甚至明显高于追加保费扣费比例。对于这部分产品，如果产品包含趸交保费的交费形式，消费者可以选择通过趸交加追加保费的组合交费方式实现期交保费的功能，并以此方式来降低所扣费用。

表 5　万能险期交保费与追加保费的扣费比例对比统计

| 产品 | 期交保费扣费比例 | 追加保费扣费比例 | 趸交保费扣费比例 |
| --- | --- | --- | --- |
| 产品 A、B | 3 年交：3%/1%/1%；<br>5 年交：5%/3%/3%/0%/0% | 2% | 无趸交交费方式 |
| 产品 C | 首期 5%，余期 3% | 3% | 3% |
| 产品 D | 3 年交：5%/1%/1%；<br>5 年交：5%/1%/1%/1%/1% | 1% | 无趸交交费方式 |
| 产品 E | 1% | 1% | 无趸交交费方式 |
| 产品 F | 5% | 3% | 5 万元以下 5%，<br>5 万元以上 3% |
| 产品 G | 3 年交：3%/3%/3%；<br>5 年交：3%/3%/3%/0%/0% | 2% | 无趸交交费方式 |
| 产品 H | 3 年交：3%/1%/1%；<br>5 年交：5%/1%/1%/1%/1% | 3% | 无趸交交费方式 |

2. 退保费用

退保费用即保单退保时保险公司收取的费用。万能险的退保费用为其账户价值乘以约定比例。一般而言，保险公司会设置退保费用收取年限，超过年限时退保不收取费用。同时，在年限内退保或部分领取，费率逐年递减。当前市场退保费用收取的年限设置及其相关比例的统计结果见表 6。

表 6　万能险退保费用率收取年限及比例分布

| 时间 | 扣费比例 | 比例 |
| --- | --- | --- |
| 3 年 | 5%/4%/3% | 1% |
| 5 年 | 3%/1%/1%/1%/1% | 1% |
| | 3%/2%/1%/1%/1% | 21% |
| | 4%/3%/2%/1%/1% | 4% |
| | 5%/3%/2%/1%/1% | 3% |
| | 5%/4%/1%/1%/1% | 1% |
| | 5%/4%/3%/2%/1% | 68% |

3. 部分领取手续费

部分领取手续费类似退保费用，即保单部分领取时保险公司收取的费用。万能险的部分领取手续费为部分领取部分对应的保单账户价值乘以约定比例。在统计分析的产品中，几乎所有万能险产品的部分领取手续费的收取方式和退保费用的收取方式一样，仅有 1 款产品并未明确部分领取手续费的收取方式。

4. 保单管理费

保单管理费，即为维护保险合同保险公司向投保人或被保险人收取的管理费用。《中国保监会关于万能型人身保险费率政策改革有关事项的通知》明确规定，“保单管理费应当是一个不受保单账户价值变动影响的固定金额，在保单首年度与续年度可以不同；保险公司不得以保单账户价值一定比例的形式收取保单管理费”。当前市场上绝大多数产品已不收取保单管理费，但部分产品会保留未来收取或调整保单管理费的权利。统计分析的72款万能险产品，仅有5款产品明确表示收取保单管理费。有1款产品每月收取8元保单管理费，有2款产品每月收取5元保单管理费，有1款产品每月收取3元保单管理费，另有1款产品每月收取不超过5元保单管理费。

5. 奖励金

为鼓励万能险购买者长期持有保单，以及鼓励期交保费的购买者持续交费，部分保险公司会在持有保单某个年度后按期或一次性给付消费者已交保费、期交保费或账户价值一定比例的金额作为奖励金。

统计分析的72款万能险产品中，有78%的产品明确说明了奖励金的领取方式。这些产品中的奖励金起始时间具体统计结果见表7。

表7　万能险奖励金起始时间及比例分布

| 奖励起始时间 | 比例 |
| --- | --- |
| 第5个保单周年日 | 73% |
| 第6个保单周年日 | 20% |
| 第10个保单周年日 | 7% |

由表7可以看出绝大多数产品奖励金开始发放的时间在第5个保单周年日。

奖励金的领取方式多为当年度或上一年度已交保费乘以一个比例，绝大多数产品采用1%，且每年均可领取一次。其余产品奖励方式类似，在给付基础、给付比例或给付频率方面稍有不同。

6. 保证利率

保证利率即账户价值最低结算利率。2015 年保监会发布的《中国保监会关于万能型人身保险费率政策改革有关事项的通知》（保监发〔2015〕19 号）规定，“万能型人身保险的评估利率上限为年复利 3.5%”，可以理解为万能险原 2.5% 的最低保证利率上限提高到 3.5%。统计分析的产品中有 2 款万能险产品条款并未明确保证利率，其余万能险产品保证利率平均为 2.65%，标准差为 0.36%，各万能险产品的保证利率相对接近，与 2018 年的统计结果基本一致。万能险保证利率的统计结果见表 8。

表 8　万能险保证利率及比例分布

| 保证利率 | 比例（%） | | 变化趋势 |
|---|---|---|---|
| | 2018 年 | 2019 年 | |
| 1.75% | 5% | 4% | ↓ |
| 2.00% | 7% | 7% | → |
| 2.50% | 42% | 43% | ↑ |
| 3.00% | 42% | 43% | ↑ |
| 未明确 | 2% | 3% | ↑ |

7. 历史结算利率

《中国保监会关于万能型人身保险费率政策改革有关事项的通知》规定，保险公司应当根据万能险单独账户资产的实际投资状况确定结算利率。结算利率不得低于最低保证利率。报告调查了 2019 年保险市场现存的、且在 2019 年 1 月及之前上市的 1304 个万能险账户。从历史结算利率来看，位于前 2 名的万能险产品各个时间段结算利率平均值均稳定在 6.50%。并且，排名前 15 的多数万能险产品自上市以来，月度收益率几乎没有变化，极其稳定。表 9 以 2019 年全年结算利率平均值为排序标准，展示了前 15 名万能险产品不同时段的结算利率情况。

表 9　万能险产品收益率（年化）排名①

| 名次 | 产品 | 上市时间 | 近三个月历史收益率 | 近六个月历史收益率 | 近一年历史收益率 | 全时间历史收益率 | 全时间月度收益率方差 |
|---|---|---|---|---|---|---|---|
| 1 | 产品 A | 2016 年 | 6.50% | 6.50% | 6.50% | 6.50% | 0.00% |
| 2 | 产品 B | 2016 年 | 6.50% | 6.50% | 6.50% | 6.50% | 0.00% |
| 3 | 产品 C | 2019 年 | 6.35% | 6.35% | 6.35% | 6.35% | 0.00% |
| 4 | 产品 D | 2017 年 | 6.20% | 6.20% | 6.20% | 6.20% | 0.00% |
| 5 | 产品 E | 2019 年 | 6.05% | 6.05% | 6.05% | 6.05% | 0.00% |
| 6 | 产品 F | 2004 年 | 6.00% | 6.00% | 6.00% | 4.95% | 1.01% |
| 7 | 产品 G | 2017 年 | 6.00% | 6.00% | 6.00% | 5.98% | 0.08% |
| 8 | 产品 H | 2018 年 | 6.00% | 6.00% | 6.00% | 6.00% | 0.00% |
| 9 | 产品 I | 2019 年 | 6.00% | 6.00% | 6.00% | 6.00% | 0.00% |
| 10 | 产品 J | 2016 年 | 6.00% | 6.00% | 6.00% | 6.00% | 0.00% |
| 11 | 产品 K | 2016 年 | 6.00% | 6.00% | 6.00% | 6.17% | 0.35% |
| 12 | 产品 L | 2016 年 | 6.00% | 6.00% | 6.00% | 6.00% | 0.00% |
| 13 | 产品 M | 2016 年 | 6.00% | 6.00% | 6.00% | 6.00% | 0.00% |
| 14 | 产品 N | 2016 年 | 6.00% | 6.00% | 6.00% | 6.00% | 0.00% |
| 15 | 产品 O | 2015 年 | 6.00% | 6.00% | 6.00% | 6.00% | 0.00% |

上述调查的所有万能险产品 2019 年全年结算利率的平均值为 4.35%，

① 收益率由月度收益率简单平均求得。

标准差为 0.84%。结合表 9 可知，有近一半的万能险产品收益率处于 4% 到 5% 之间，绝大多数万能险产品收益率处于 3% 到 6% 之间。不仅各万能险产品之间收益率的差异相对较小，而且同一万能险产品不同月份间的收益率基本稳健，变动幅度较小，有 74.92% 的月度收益率几乎维持不变。所以，虽然万能险产品初始扣费等其他手续费相对较多，但万能险产品收益较高且相对稳健，总体风险可控，在当前投资产品普遍净值化的市场环境下，属于相对稀缺的投资产品。

表 10　万能险产品收益率分布

| 近一年历史收益率分布（R） | 比例 | 近一年历史收益率方差分布（SD） | 比例 |
| --- | --- | --- | --- |
| 6.00% ≤ R ≤ 6.50% | 1% | 1.00% ≤ SD ≤ 1.50% | 2% |
| 5.00% ≤ R < 6.00% | 25% | 0.50% ≤ SD < 1.00% | 4% |
| 4.00% ≤ R < 5.00% | 44% | 0 < SD < 0.50% | 20% |
| 3.00% ≤ R < 4.00% | 24% | SD=0 | 75% |
| 2.35% ≤ R < 3% | 6% | | |
| 0 < R ≤ 0.50% | 0.15% | | |

忽略不同万能险产品的上市时间的差异，我们将所有万能险产品自上市以来的收益率计算了样本均值和标准差，绘制了如图 3 的散点图。可以看到，绝大多数万能险产品平均收益率依旧集中于 3% 到 6% 之间，绝大多数万能险产品的月度收益率方差小于 0.5%。从较长的时间段观察，万能险产品的收益依旧稳健。

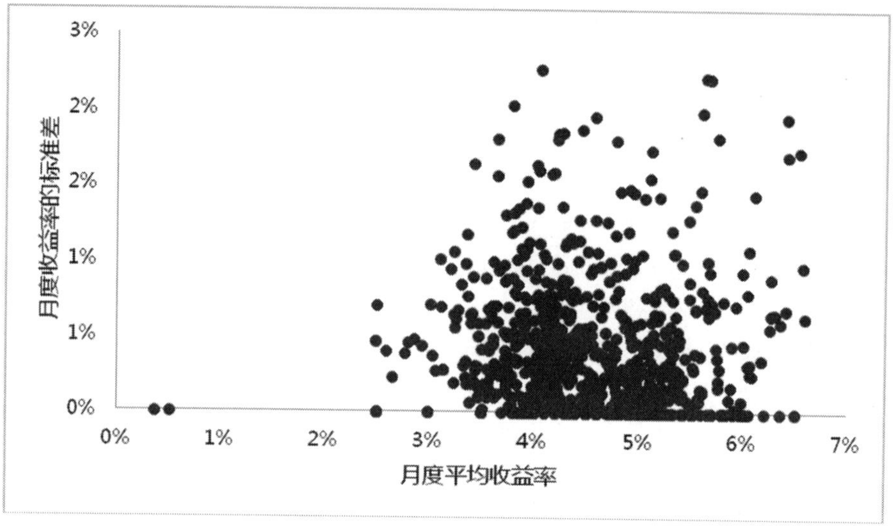


图 3　万能险产品全时间月度收益率与标准差散点

## （四）普通条款

1. 投保年龄

统计分析的产品中有 38% 的万能险产品并未明确投保年龄。其余明确了投保年龄的万能险产品，绝大部分的最低被保险人年龄为 7 天、28 天、30 天；绝大部分万能险产品以 60 周岁、65 周岁、70 周岁或 80 周岁为最高被保险人年龄。

2. 犹豫期

万能险的犹豫期按照相关规定设置为不低于 10 天，有些产品和公司延长至 15 天或 20 天。根据监管规定，银保渠道销售的保险犹豫期不低于 15 天。表 10 为万能险产品条款中犹豫期描述情况的统计表。

表 11　万能险产品犹豫期统计

| 犹豫期 | 比例 |
| --- | --- |
| 10 天 | 17% |
| 10 天（通过商业银行投保，犹豫期为 15 天） | 10% |
| 15 天 | 68% |
| 20 天 | 6% |

## 三、万能保险产品比较分析

本分报告对 2019 年新上市的部分万能险产品进行抽样对比，分别抽取 4 个典型产品，对比结果见表 12。

表 12　万能险产品比较分析

| 名称 | 产品 A | 产品 B | 产品 C | 产品 D |
| --- | --- | --- | --- | --- |
| 交费方式 | 期交、追加、转入 | 趸交、期交、追加、转入 | 趸交、追加、转入 | 趸交、追加 |
| 初始费用 | 期交：3 年内 3%，3 年以后 0%<br>追加：2%<br>转入：1% | 趸交：5 万元以下 5%，5 万元以上 3%<br>期交：5%<br>追加：3% | 趸交：3%<br>追加：3%<br>转入：0.5% | 趸交：3%<br>追加：3% |
| 奖励金 | 第 6 个保单周年日后：该年度追加和转入保费的 1%，每年领取一次 | 第 5 个保单周年日前：已转入保费的 1%，仅领取一次；<br>第 5 个保单周年日后：该年度已转入保费的 1%，每年领取一次 | 第 6 个保单周年日后：该年度已转入保费的 0.5%，每年一次 | 无 |

（续表）

| 名称 | 产品 A | 产品 B | 产品 C | 产品 D |
|---|---|---|---|---|
| 保证利率 | 2.50% | 3.00% | 条款中未明确 | 3% |
| 部分领取费用 | 5 年内扣费比例依次为 5%、4%、3%、2%、1% | 5 年内扣费比例依次为 3%、2%、1%、1%、1% | 5 年内扣费比例依次为 5%、4%、3%、2%、1% | 5 年内扣费比例依次为 5%、4%、3%、2%、1% |
| 退保费用 | 同部分领取费用 | 同部分领取费用 | 同部分领取费用 | 同部分领取费用 |
| 近一年历史收益率平均值 | 4.50% | 5.00% | 5.00% | 4.82% |

上述四种产品，从扣费角度来看，产品 A 的扣费比例较低，但产品 A 的收益率却是四种产品中最低的；产品 B 的收益率较高，且奖励金回报相对可观，同时部分领取费用和退保费用是四种产品中最低的，只是当趸交保费小于 5 万时，扣费比例较高；产品 C 的收益率较高，扣费比例较低，但奖励金相较产品 A、B 较低；产品 D 的扣费比例和收益率并无明显优势，且不含奖励金。

但在购买产品时，仅凭如上简单的分析并不能完整地反映一个产品的优劣，还应该综合产品所属公司的财务状况、历史表现、偿付能力、负债情况、理赔和服务水平等因素。

## 四、万能保险产品展望

万能险因其兼具保障和理财功能，同时交费十分灵活，一直较受消费者欢迎。因此，部分保险公司也常常利用万能险保费的快速扩张来拉动保险公司整体保费和资金的扩张。未来，保险公司应进一步加强万能险产品的保障功能，发挥保险产品的保障优势。

### （一）加强万能险产品的保障功能

当前市场上的万能险产品仍以投资型为主，保险公司应加强其保障功能的宣传，并加大保障功能为主的万能型保险产品的开发。建议消费者在选购万能险时，更加注重万能险灵活的保障功能，发挥其在寿险保障、养老和教育储备方面的优势。

### （二）针对性营销万能险产品

万能险提供最低结算利率，在当前投资产品普遍净值化的市场环境下，属于相对稀缺的投资产品。目前市场上仍然有较多投资者追求“保本保收益”的投资产品，如一些老年人和风险极度厌恶人群。因此，保险公司可着重针对特定人群进行万能险产品展业，在加强万能险产品保障功能的基础上，满足特定人群投资或养老需求。

## （三）发展中长期万能险产品

通常来说，投资期限越长，投资收益率越趋向于稳健。目前市场中相对流行中短期万能险产品，我们建议保险公司未来加大力度发展中长期万能险产品，利用其兼具投资和保障的特点，在长期投资中寻求稳定低风险收益。

## （四）避免万能险保费的非理性扩张

当前的主流万能险产品仍然为“重投资、轻保障”的保险产品，在“保险业姓保”的导向下，保险公司应尽量避免通过万能险保费实现整体保费资金的快速扩张。引导消费者从基本保障需求出发，合理配置保险产品。

# 分报告六
# 投资连结保险产品市场调研报告

投资连结保险（简称“投连险”）是账户型产品，属于新型保险产品，与传统的保障型保险产品有所不同，因此本分报告结构与其他产品分报告略有不同。

## 一、投资连结保险产品市场状况

### （一）投资连结保险产品市场发展状况

投连险兼具保障和投资功能，投资风险完全由投保人自行承担。由于不同于传统保险的经营模式，投保人需承担较大的投资风险，加之投资风险主要是资本市场的波动，投连险产品市场的发展并非一帆风顺，到现如今该市场历经“两起三落”。图 1 对比了资本市场指数与投连险保费收入在过去 20 年的走势，由于投连险账户资金有一部分流向股市，因此投连险市场的多次起起落落都与股市的涨落有一定的相关性，股市高涨往往带动投连险保费收入扩张。从一定程度上来说，股市可以作为投连险保费的先行指标。

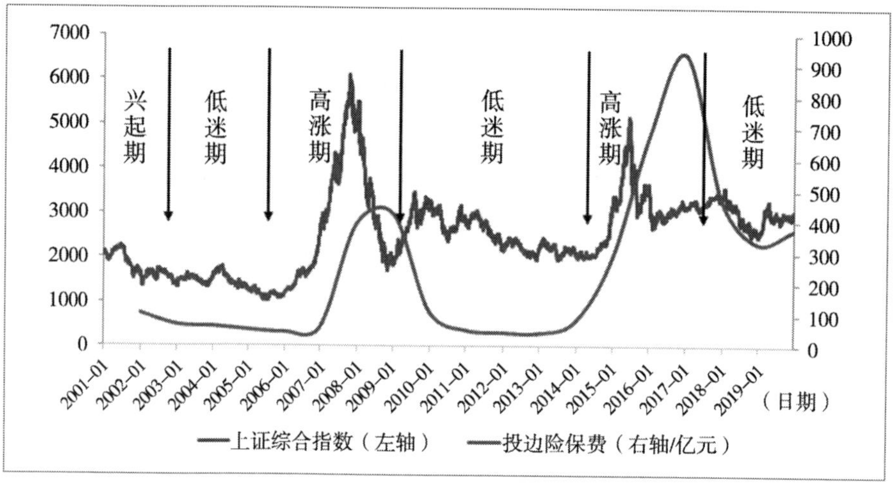


图 1　1999—2018 年上证综指与投连险的 6 个发展阶段

最新阶段为从 2017 年至今的再度低迷期。2017—2018 年，与投连险产品收益关系密切的 A 股市场持续震荡，加之监管趋严，保险公司不得以附加险形式设计投资连结型保险产品，投连险市场热度有所降温。2017 年，我国投连险产品新增保费收入共计 470.42 亿元，同比减少 50%；2018 年，我国投连险产品新增保费收入共计 332.85 亿元，同比减少 29%。投连险新增保费连续两年下降。

相比过去两年，2019 年投连险市场在一定程度上有所复苏。2019 年，我国投连险产品新增保费收入约为 376.00 亿元，同比增长约 12.96%。2019 年年初，我国 A 股市场小幅上涨，部分投连险产品的收益水平相较前两年有较大改善，一定程度上促进了投连险产品保费收入的上涨。表 1

统计了 2018 年投连险市场份额排名前五的公司于 2019 年末的投连险账户规模总额。

表 1　2019 年末部分公司投连险账户规模总额统计

| 公司名称 | 2019 年末投连险投资账户规模（亿元） | 2019 年末投连险投资账户规模同比增长 | 投连险产品数量（个） | 投资账户数量（个） | 2018 年投连险保费收入市场份额 |
|---|---|---|---|---|---|
| 公司 A | 606.39 | 26.03% | 15 | 17 | 40.69% |
| 公司 B | 187.62 | 18.63% | 7 | 13 | 27.91% |
| 公司 C | 69.56 | −47.47% | 5 | 12 | 11.98% |
| 公司 D | 461.31 | 27.05% | 10 | 10 | 5.77% |
| 公司 E | 178.16 | 90.48% | 10 | 11 | 5.75% |

目前市场上仅有 28 家寿险公司经营投连险产品，并且头部效应相对明显。2019 年年末，仅有 4 家公司投连险投资账户规模超过 100 亿元，且该 4 家公司的投连险投资账户规模增长速度较快。当前，保险产品越来越注重保障功能，投连险这种新型保险产品投资逻辑相对复杂，重投资而轻保障，一些银保渠道并不代理投连险产品，重点开发投连险产品的公司逐渐减少。

### （二）投资连结保险产品报备情况

2019 年保险公司新报备的个人投连险产品共 12 款，占所有报备的个人人身险产品的 0.6%。新报备的投连险产品占所有报备人身险产品的比例在过去 4 年呈逐年下降趋势，近 2 年渐趋平稳。

图 2　2010—2019 年报备的投连险产品数量及比例

### （三）投资连结保险产品数据分析来源

《分报告六——投资连结保险产品市场调研报告》的分析数据均来自市场公开信息，如产品条款、产品费率等。本分报告以下的统计分析结果来自全行业所有现存投资连结保险产品及相对应的投资账户。

## 二、投资连结保险产品特征分析

### （一）收益率分析

1. 投资账户分类

根据 2012 年中国保监会发布的《保险资产配置管理暂行办法》，投连险被纳入独立账户，投连险账户投资股市的资金额度占比不需服从银保监会要求的25%上限的规定。账户各资产的投资比例，由保险公司通过书面合同与投保人或者受益人约定。

投连险一般设有多个账户，根据不同的投资策略，投连险可分为指数型、激进型、混合激进型等账户，分类标准如表2所示。

表2 投连险账户分类标准[①]

| A级分类 | B级分类 | 分类标准 | | 注解 |
|---|---|---|---|---|
| | | 按权益投资分 | 按投资股票基金比例分 | |
| 指数型 | 指数型 | 采取指数化策略 | 指数化策略 | 挂钩某一类指数产品，名称中一般都有指数字样 |
| 激进型 | 激进型 | 权益配置比例在70%以上 | 80%以上 | 权益类投资为主，名称中一般都有积极、成长、增长、进取一类字样 |
| 混合型 | 混合激进型 | 权益配置比例在40%—70% | 50%—80% | 股票权益类和债券类较为均衡，名称中一般都有平衡、混合等字样 |
| | 混合保守型 | 权益配置比例在40%以下 | 20%—50% | |
| 债券型 | 增强债券型 | 可投债券型基金，或者少量权益类投资 | 20%以下 | 名称中一般都有债券、稳定、稳健等字样 |
| | 全债型 | 不投资权益类，仅投资于债券和货币市场 | 80%债券 | |
| 货币型 | 货币型 | 投资于货币市场比例在80%以上 | 80%货币市场 | 名称中一般都有货币、现金、避险等字样 |

① 此分类标准为华宝证券分类标准，“注解”列为爱选科技增加。

（续表）

| A 级分类 | B 级分类 | 分类标准 | | 注解 |
|---|---|---|---|---|
| | | 按权益投资分 | 按投资股票基金比例分 | |
| 类固定收益型 | 类固定收益型 | 投资范围包括债权计划、不动产计划以及固定收益类信托计划等非标准化资产 | —— | |

2019 年全年各类投连险账户均取得正收益，但各类账户平均累计收益率差距较大。其中，权益配置比例较高的账户收益率均超过 10%，与去年大规模负收益形成鲜明对比，如指数型（34.36%）、激进型（33.88%）、混合激进型（23.75%）、混合保守型（12.93%）；而较少或不投资权益类资产的账户收益率与去年相比差距不大，如增强债券型（5.93%）、全债型（4.36%）、货币型（2.50%）、类固定收益型（4.19%）。主要原因是股市在经历了 2018 年大幅下跌后，2019 年年初回暖，经历年中调整阶段后，年末又有所回升。总体来看，全年各大指数均大幅上涨，如沪深 300 指数全年上涨 36.1%，创业板指数全年上涨 43.8%。与股票市场相比，债券、货币市场保持相对稳健。

2. 收益率分布

分别比较不同类型账户在不同时间段的收益率分布、期望和标准差。数据截至 2019 年 12 月 31 日，其中单一账户的收益率数据来自公开数据，账户类型的期望回报由所属分类中所有账户的收益率简单平均所得，账户类型回报的标准差为所属分类中所有账户的收益率的标准差。

（1）近 3 个月（2019 年 10 月至 2019 年 12 月）

表 3　近 3 个月各类型账户收益率统计

| 收益率 R（区间账户数 / 总账户数） | R<0 占比 | 0 ≤ R ＜ 1% 占比 | 1% ≤ R ＜ 3% 占比 | 3% ≤ R ＜ 5% 占比 | 5% ≤ R ＜ 10% 占比 | 10% ≤ R <20% 占比 | R ≥ 20% 占比 |
|---|---|---|---|---|---|---|---|
| 指数型 | 0 | 0 | 0 | 1/6 | 5/6 | 0 | 0 |
| 激进型 | 0 | 0 | 2/49 | 6/49 | 36/49 | 5/49 | 0 |
| 混合激进型 | 0 | 0 | 7/35 | 7/35 | 20/35 | 1/35 | 0 |
| 混合保守型 | 1/22 | 2/22 | 7/22 | 7/22 | 4/22 | 1/22 | 0 |
| 债券增强型 | 0 | 5/18 | 12/18 | 1/18 | 0 | 0 | 0 |
| 全债型 | 1/12 | 6/12 | 4/12 | 1/12 | 0 | 0 | 0 |
| 货币型 | 0 | 28/29 | 1/29 | 0 | 0 | 0 | 0 |
| 类固定收益型 | 1/29 | 11/29 | 17/29 | 0 | 0 | 0 | 0 |

从表 3 看，近 3 个月各账户收益率体现了各账户投资类别的差异。指数型、激进型、混合激进型等权益类资产投资较多的账户，其投资收益分布明显偏向高收益，多数集中在 3%—10% 之间，有少数账户甚至超过 10%；而主要在债券市场、货币市场投资的全债型、类固定收益类、货币型、增强债券型等账户，其收益分布则更偏向于低收益，主要集中于 0%—1% 之间，少部分位于 1%—3%，极少数超过 3% 或取得负收益；混合保守型账户投资的资产类型和比例相对分散，故各个账户的收益率分布也相对分散。

（2）近6个月（2019年7月至2019年12月）

表4　近6个月各类型账户收益率统计

| 收益率R（区间账户数/总账户数） | R<0占比 | 0≤R<1%占比 | 1%≤R<3%占比 | 3%≤R<5%占比 | 5%≤R<10%占比 | 10%≤R<20%占比 | R≥20%占比 |
|---|---|---|---|---|---|---|---|
| 指数型 | 0 | 0 | 0 | 0 | 4/6 | 2/6 | 0 |
| 激进型 | 0 | 0 | 2/49 | 2/49 | 11/49 | 31/49 | 3/49 |
| 混合激进型 | 0 | 0 | 2/35 | 8/35 | 12/35 | 13/35 | 0 |
| 混合保守型 | 0 | 1/22 | 3/22 | 8/22 | 9/22 | 1/22 | 0 |
| 债券增强型 | 0 | 2/18 | 10/18 | 4/18 | 2/18 | 0 | 0 |
| 全债型 | 0 | 1/12 | 10/12 | 0 | 1/12 | 0 | 0 |
| 货币型 | 0 | 13/29 | 16/29 | 0 | 0 | 0 | 0 |
| 类固定收益型 | 0 | 8/29 | 16/29 | 5/29 | 0 | 0 | 0 |

受股市上涨趋势影响，近6个月指数型、激进型、混合激进型、混合保守型等账户类型表现良好，大部分账户收益率均在5%—20%之间。而全债型、类固定收益类、货币型、增强债券型等账户类型表现比较平稳，收益率集中在0%—3%之间。

（3）近1年（2019年1月至2019年12月）

表5　近1年各类型账户收益率统计

| 收益率R（区间账户数/总账户数） | R<0占比 | 0≤R<1%占比 | 1%≤R<3%占比 | 3%≤R<5%占比 | 5%≤R<10%占比 | 10%≤R<20%占比 | R≥20%占比 |
|---|---|---|---|---|---|---|---|
| 指数型 | 0 | 0 | 0 | 0 | 0 | 0 | 6/6 |
| 激进型 | 0 | 0 | 0 | 0 | 1/49 | 3/49 | 45/49 |

（续表）

| 收益率 R（区间账户数 / 总账户数） | R<0 占比 | 0 ≤ R < 1% 占比 | 1% ≤ R < 3% 占比 | 3% ≤ R < 5% 占比 | 5% ≤ R < 10% 占比 | 10% ≤ R < 20% 占比 | R ≥ 20% 占比 |
|---|---|---|---|---|---|---|---|
| 混合激进型 | 0 | 0 | 0 | 1/35 | 3/35 | 7/35 | 24/35 |
| 混合保守型 | 0 | 0 | 1/22 | 2/22 | 4/22 | 11/22 | 4/22 |
| 债券增强型 | 0 | 0 | 3/18 | 5/18 | 8/18 | 2/18 | 0 |
| 全债型 | 0 | 1/12 | 1/12 | 6/12 | 4/12 | 0 | 0 |
| 货币型 | 0 | 1/29 | 19/29 | 8/29 | 1/29 | 0 | 0 |
| 类固定收益型 | 0 | 4/28 | 5/28 | 7/28 | 11/28 | 1/28 | 0 |

最近 1 年，受宏观经济和股市大幅上涨影响，各账户类型均表现良好。尤其是指数型、激进型、混合激进型等账户类型，近 1 年账户收益率基本处于 20% 以上。其他账户类型由于权益类资产投资比例较小，账户收益大多分布于 1%—10% 之间。

（4）近 2 年（2018 年 1 月至 2019 年 12 月）

表 6　近 2 年各类型账户收益率统计

| 收益率 R（区间账户数 / 总账户数） | R<0 占比 | 0 ≤ R < 1% 占比 | 1% ≤ R < 3% 占比 | 3% ≤ R < 5% 占比 | 5% ≤ R < 10% 占比 | 10% ≤ R < 20% 占比 | R ≥ 20% 占比 |
|---|---|---|---|---|---|---|---|
| 指数型 | 0 | 1/6 | 1/6 | 1/6 | 2/6 | 1/6 | 0 |
| 激进型 | 12/49 | 4/49 | 7/49 | 0 | 16/49 | 6/49 | 4/49 |
| 混合激进型 | 4/34 | 1/34 | 4/34 | 5/34 | 12/34 | 7/34 | 1/34 |
| 混合保守型 | 3/22 | 1/22 | 1/22 | 3/22 | 10/22 | 4/22 | 0 |
| 债券增强型 | 1/18 | 1/18 | 1/18 | 2/18 | 7/18 | 6/18 | 0 |

（续表）

| 收益率 R（区间账户数 / 总账户数） | R<0 占比 | 0 ≤ R < 1% 占比 | 1% ≤ R < 3% 占比 | 3% ≤ R < 5% 占比 | 5% ≤ R < 10% 占比 | 10% ≤ R < 20% 占比 | R ≥ 20% 占比 |
|---|---|---|---|---|---|---|---|
| 全债型 | 0 | 0 | 0 | 1/12 | 8/12 | 3/12 | 0 |
| 货币型 | 0 | 0 | 0 | 11/28 | 17/28 | 0 | 0 |
| 类固定收益型 | 0 | 1/27 | 3/27 | 2/27 | 9/27 | 12/27 | 0 |

最近 2 年，受股市波动影响，各投资账户的收益波动较大，仍有部分账户收益为负。指数型、激进型、混合激进型、混合保守型等账户类型收益分布较为分散，既存在着负收益账户，也存在着收益大于 20% 的账户。相比之下，全债型、货币型等账户类型的收益更为稳定，集中于 3%–10% 之间。

（5）近 3 年（2017 年 1 月至 2019 年 12 月）

表 7　近 3 年各类型账户收益率统计

| 收益率 R（区间账户数 / 总账户数） | R<0 占比 | 0 ≤ R < 1% 占比 | 1% ≤ R < 3% 占比 | 3% ≤ R < 5% 占比 | 5% ≤ R < 10% 占比 | 10% ≤ R < 20% 占比 | R ≥ 20% 占比 |
|---|---|---|---|---|---|---|---|
| 指数型 | 0 | 0 | 0 | 0 | 0 | 1/6 | 5/6 |
| 激进型 | 4/48 | 0 | 1/48 | 1/48 | 3/48 | 17/48 | 22/48 |
| 混合激进型 | 3/34 | 1/34 | 0 | 0 | 4/34 | 10/34 | 16/34 |
| 混合保守型 | 2/22 | 1/22 | 0 | 0 | 5/22 | 13/22 | 1/22 |
| 债券增强型 | 1/18 | 0 | 1/18 | 1/18 | 6/18 | 9/18 | 0 |
| 全债型 | 0 | 0 | 0 | 0 | 8/12 | 4/12 | 0 |
| 货币型 | 0 | 0 | 0 | 0 | 20/28 | 8/28 | 0 |
| 类固定收益型 | 0 | 0 | 0 | 2/23 | 6/23 | 15/23 | 0 |

最近 3 年，指数型、激进型、混合激进型、混合保守型等对权益类资产投资较多的账户类型收益分布较为分散，可以看到超过一半的账户收益均大于 10%，但仍有 9 支账户呈现出负收益。而全债型、货币型、类固定收益型等账户表现良好且更加稳定，收益集中于 5%—20% 之间。

3. 收益率比较

分别比较不同类型账户在不同时间段收益率的期望和标准差。具体统计结果参见图 3 和图 4。

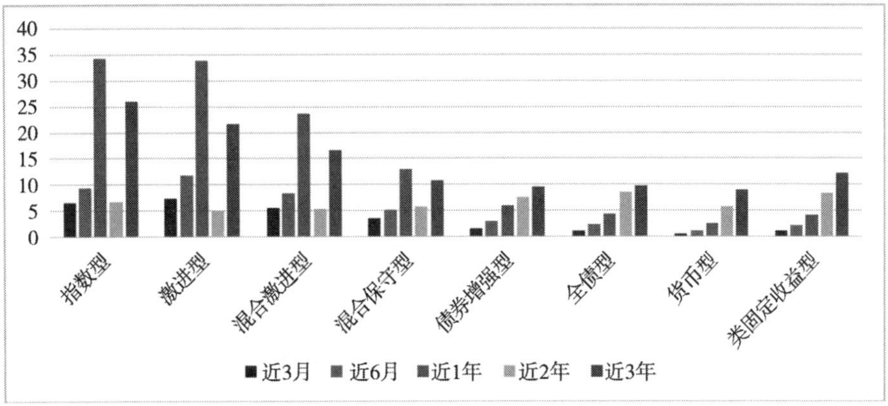


图 3　不同类型账户不同时段收益率的期望统计

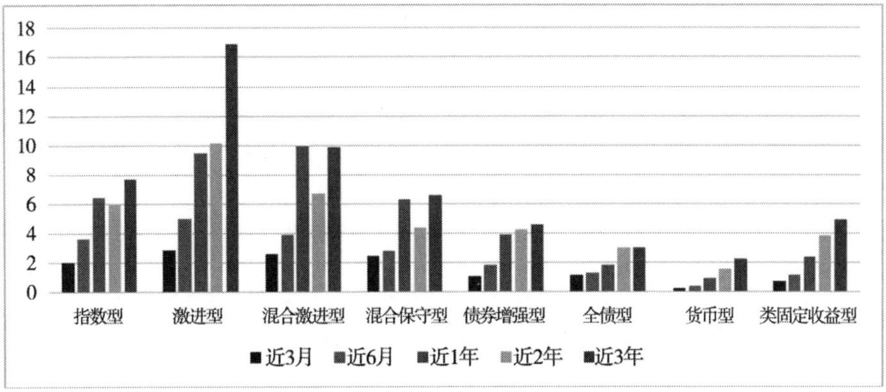


图 4　不同类型账户不同时段收益率的标准差统计

从最近 3 年来看，各类型账户收益与风险较为匹配，即高收益对应高风险，符合市场规律。2019 年股市利好在一定程度上调整了 2018 年股市低迷期所造成的高风险低收益情况，因此近 3 年的指数型、激进型、混合激进型、混合保守型账户在展现出高风险的同时，也能够获得高收益，尤其是指数型账户，在风险较小的同时获得最高收益。相比之下，主要投资于债券市场、货币市场的全债型、类固定收益类、货币型、增强债券型等账户较为稳健，在承担低风险的同时，收益也相对较低。

从较长历史时段（如近 3 年）来看，如果比较各账户平均收益率，由高到低依次为：指数型（26.06%）、激进型（21.55%）、混合激进型（16.70%）、类固定收益型（12.22%）、混合保守型（10.83%）、全债型（9.76%）、债券增强型（9.58%）、货币型（8.97%）。

然而，仅考虑平均收益率并不能体现各类型账户之间收益率的波动性，还需要通过计算变异系数（标准差 / 期望）来比较不同账户之间的稳定性，变异系数绝对值越大，越不稳定。不同类型账户变异系数的统计结果参见图 5。

从理论和历史经验看，指数型、激进型等在权益类资产投资比重较大的账户，一般能取得较高的平均收益率，但是权益性资产的波动性即风险性往往更大。2019 年权益市场的大幅上涨，普遍拉高了权益类资产收益率，其对应的账户收益率也大幅提高。波动性较小的账户，如全债型、类固定收益类、货币型等极少或不投资权益类资产的账户一般收益率较低，但是由于其相对稳健，受股票市场的影响相对较小，因此平均来看，此类账户收益率表现比较稳定。然而，此类经验只能在较长的时间段中才有所

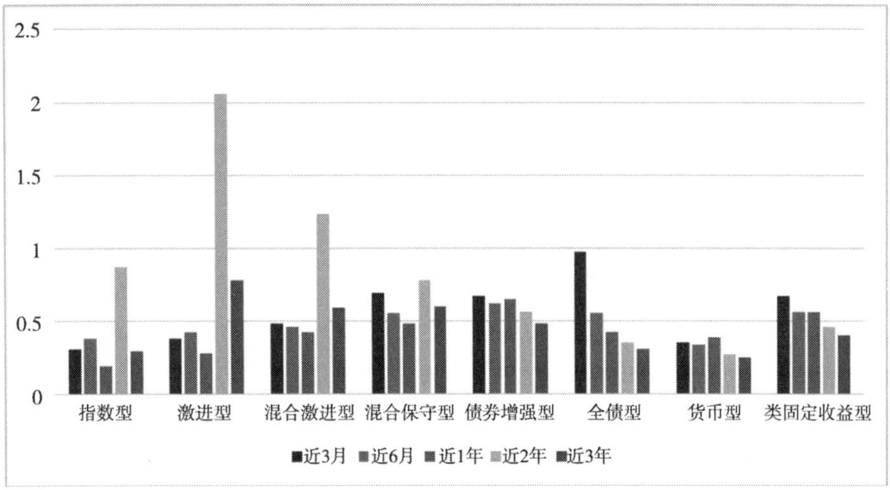


图 5　不同类型账户变异系数统计

体现，由于股票市场行情有所反弹，指数型、激进型等在权益类资产投资比重较大的账户普遍取得较高收益，收益较为稳定。因而图 5 显示，最近一年以内，指数型、激进型、混合激进型、混合保守型账户的波动水平并未明显高于其他账户，甚至比其他账户的收益更为稳健。当考虑近两年和近三年不同类型账户的波动水平时，激进型、混合激进型、混合保守型账户的波动水平才高于全债型、类固定收益类、货币型、增强债券型账户。由于指数型账户数量偏少，故其变异系数不具有足够的代表性。

由于投连险有初始费用，减少了进入保单投资账户的保费，投连险不适合作为短期投资工具，更适合规划中长期投资资金。同时，也很少有消费者将投连险作为短期投资工具仅持有数月或者一至两年，所以在更长的时间段内考虑投连险的收益情况可能才更有意义。由于类固定收益型账户上市时间相对较晚，故暂无对此类账户回报的统计。具体账户收益率统计结果见表 8。

表 8　不同类型账户不同时段收益率统计

| 账户类型 | 近 6 年 | | | 近 8 年 | | | 近 11 年 | | |
|---|---|---|---|---|---|---|---|---|---|
| | 期望回报（%） | 标准差（%） | 变异系数 | 期望回报（%） | 标准差（%） | 变异系数 | 期望回报（%） | 标准差（%） | 变异系数 |
| 指数型 | 72.75 | 49.24 | 0.68 | 67.16 | 49.25 | 0.73 | 110.73 | 20.49 | 0.19 |
| 激进型 | 93.17 | 68.38 | 0.73 | 107.48 | 73.06 | 0.68 | 165.18 | 152.15 | 0.92 |
| 混合激进型 | 63.98 | 31.52 | 0.49 | 77.67 | 39.60 | 0.51 | 105.46 | 59.52 | 0.56 |
| 混合保守型 | 46.25 | 23.06 | 0.50 | 51.40 | 21.48 | 0.42 | 62.13 | 21.75 | 0.35 |
| 债券增强型 | 41.07 | 12.53 | 0.31 | 49.90 | 17.60 | 0.35 | 60.22 | 15.69 | 0.26 |
| 全债型 | 30.81 | 8.16 | 0.26 | 38.46 | 11.74 | 0.31 | 53.44 | 6.27 | 0.12 |
| 货币型 | 21.18 | 5.64 | 0.27 | 29.91 | 6.75 | 0.23 | 34.56 | 8.41 | 0.24 |

从较长的投资期限来看，除去少数异常值，投连险账户整体基本遵循了风险与收益相匹配的原则。如图 3、图 4 和图 5 所示，激进型账户在享有高收益的同时也承担着高风险，全债型账户收益水平较低而风险也较小。通常来说，越靠近趋势线左上方的账户，能够获得比所承担风险相匹配的更高的收益；而越靠近趋势线右下方的账户，承担了比所获收益相匹配的更高的风险。

从近 6 年的时间段看，所有账户基本满足收益与风险的一致性，其中混合激进型账户的收益水平相对风险水平而言表现较好，而货币型账户的收益水平相对较低。

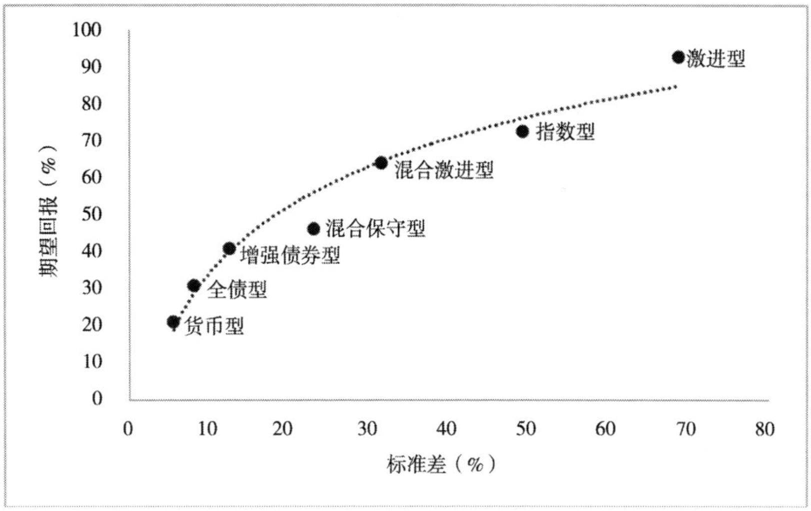


图 6　近 6 年不同类型账户期望回报与标准差散点

从近 8 年的时间段看，混合激进型账户的表现明显优于指数型账户，混合激进型账户在风险低于指数型账户的同时收益却高于指数型账户。其余账户的风险与收益较为匹配。

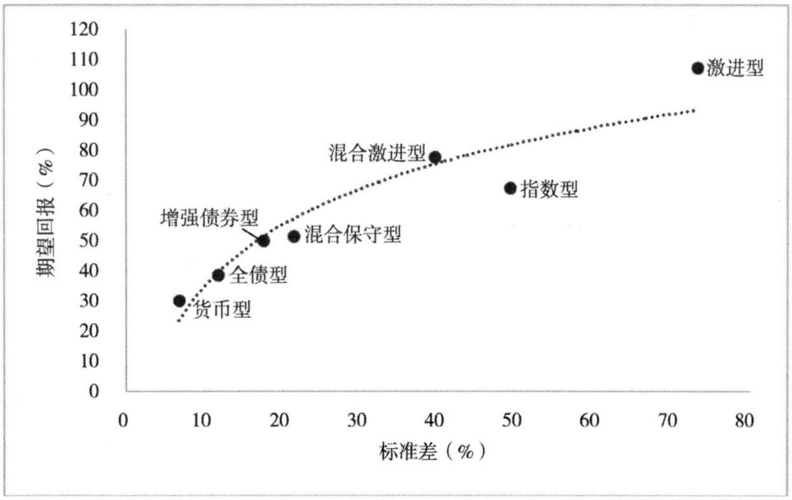


图 7　近 8 年不同类型账户期望回报与标准差散点

从近11年的时间段看，除指数型和货币型外，其他各类型账户的收益与风险呈现出更加明显的一致性。从图8可以看出，指数型账户在享有着高收益的同时，所承担的风险也较低，主要原因可能是因为指数型账户较少、样本相对缺乏，当时间跨度扩大到11年后，样本更加减少。除此之外，我国部分全债型账户持续时长较短导致数据量较少带来整体偏差，使得相比图6和图7，图8的异常值偏离拟合线更多。

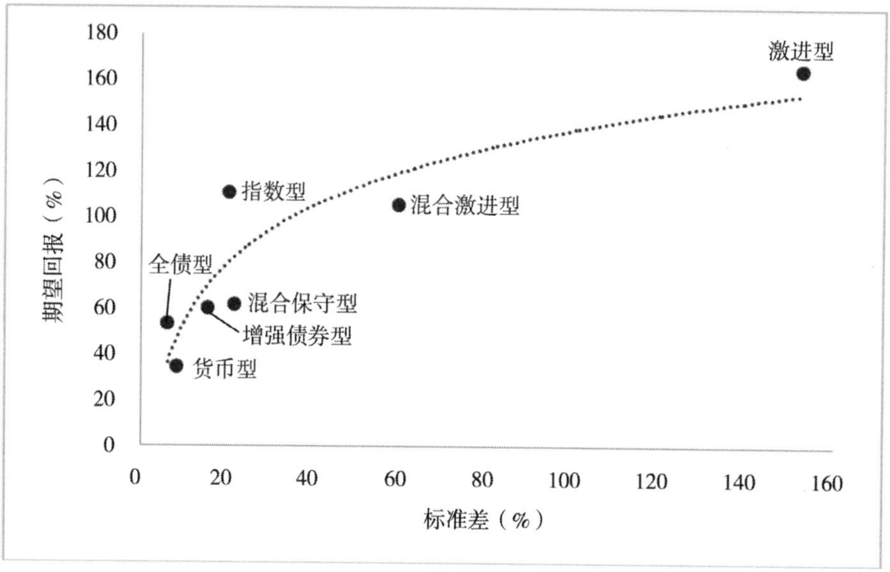


图8 近11年不同类型账户期望回报与标准差散点

## （二）费用分析

投连险产品仅可以收取以下几种费用：初始费用、买入卖出差价、死亡风险保险费、保单管理费、资产管理费、手续费和退保费用。期交投连险产品的保险费由基本保险费和额外保险费构成，基本保险费不得高于保险金额（保单签收时的死亡保险金额）除以 20，且不得高于人民币 6000 元，期交保险费高于基本保险费的部分为额外保险费。监管部门要求这样设置的原因是基本保险费可以扣除的初始费用较高，限制在 6000 元以内可以控制扣费金额。

1. 费用收取上限

根据原保监会发布的《关于印发投资连结保险万能保险精算规定的通知》（保监寿险〔2007〕335 号）要求，各项费用的收取一般都有一定的上限，如表 9 所示。

表 9　各项费用收取上限

| 费用类型 | 计算方式 | 收费上限 |
|---|---|---|
| 初始费用 | 比例 | 期交保费：<br>1. 基本保费：第 1 年 50%，第 2 年 25%，第 3 年 15%，第 4 年和 5 年 10%，以后每年 5%；<br>2. 额外保费：5%；<br>3. 追加保费：5% |
| | | 趸交保费：<br>1. 原保费：人民币 5 万元及以下部分 10%，人民币 5 万元以上部分 5%；<br>2. 追加保费：5% |
| 买入卖出差价 | 买入价和卖出价之间的价差 | 比例上限为 2% |
| 死亡风险保险费 | 保额 × 费率<br>合同约定费率上限 | —— |

（续表）

| 费用类型 | 计算方式 | 收费上限 |
| --- | --- | --- |
| 保单管理费 | —— | 没有上限，原保监会规定，保单管理费应当是一个固定金额，不能以比例形式来收取。大部分投连险产品已经免收保单管理费 |
| 资产管理费 | 账户价值 × 比例 | 比例上限为 2% |
| 手续费 | 因转换投资账户而收取 | 无明确上限规定 |
| 退保费用 | 退保费率 | 第一年 10%，第二年 8%，第三年 6%，第四年 4%，第五年 4%，第六年及以后 0% |

2. 产品比较分析

本分报告对 2019 年新上市的部分投连险产品进行抽样对比，分别抽取 5 个典型产品，对比结果见表 10。

表 10　典型投连险产品比较

| 产品名称 | 缴费方式 | 初始费用 | 死亡风险保险费 | 资产管理费 | 转换手续费 | 退保费用 | 部分领取手续费 | 保单管理费 | 买入卖出差价 |
| --- | --- | --- | --- | --- | --- | --- | --- | --- | --- |
| 产品A | 趸交、追加 | 1% | 依费率表而定 | 不超过 2% | 0，可调整但不超过 100 元 / 次 | 5 年内扣费比例依次为 5%、4%、3%、2%、1% | 同退保费用 | 0，可调整但不超过 30 元 / 月 | 0，可调整但不超过 2% |

（续表）

| 产品名称 | 缴费方式 | 初始费用 | 死亡风险保险费 | 资产管理费 | 转换手续费 | 退保费用 | 部分领取手续费 | 保单管理费 | 买入卖出差价 |
|---|---|---|---|---|---|---|---|---|---|
| 产品B | 趸交、追加 | 1% | 依费率表而定 | 多数为1%，可调整但不超过2% | 未明确 | 5年内扣费比例依次为5%、3%、3%、1%、1% | 同退保费用 | 0，可调整但不超过30元/月 | 未明确 |
| 产品C | 趸交、追加 | 1% | 无 | 多数为1%，可调整但不超过2% | 前5次免费，之后20元/次，可调整但不超过100元/次 | 5年内扣费比例依次为3%、2%、1%、1%、1% | 未明确 | 0，可调整但不超过10元/月 | 0，可调整但不超过2% |
| 产品D | 期交、追加 | 期交保费：基本与额外保险费5年内扣费比例依次为3%、2.5%、2%、1.5%、1%<br>追加保费：3%，可调整但不超过5% | 依费率表而定 | 多数为1.5%左右，可调整但不超过2% | 0，可调整但不超过100元/次 | 5年内扣费比例依次为5%、4%、3%、2%、1% | 0，可调整但不超过100元/次 | 未明确 | 0，可调整但不超过2% |
| 产品E | 趸交、追加 | 1% | 依费率表而定 | 1%，可调整但不超过2% | 前5次免费，之后20元/次 | 5年内扣费比例依次为5%、4%、3%、2%、1% | 同退保费用 | 0 | 0 |

总体来看，各产品之间的扣费情况差异不大。初始保费方面，除了产品 D 缴费方式不同于其他四种产品且扣费比例较高外，其他 4 种产品的扣费比例均为 1%。资产管理费方面，多数产品账户的资产管理费处于 1% 到 2% 之间。多数产品不收取转换手续费、保单管理费和买入卖出差价，但保险公司一般保留未来收取的权利。退保费用及部分领取手续费一般在五年内收取，五年之后不再收取，产品 D 甚至不收取部分领取手续费。和市场公募基金相比，除了少数产品扣费比例较高，多数产品的扣费比例与公募基金相当。

## 三、投资连结保险产品展望

从行业发展层面看，监管层不断强调保险的保障本质，倡导保险行业回归保障本源。这也是过去几年投连险收入较低，回归理性的原因之一。预计投连险市场未来依然维持稳健增长态势。建议投连险注重与投资基金不同的保障功能，作为品质养老的有效工具和重要补充，帮助消费者进行长期的财务管理。根据市场经验，投连险账户相对于基金而言，投保人较少调动资金，因此投连险账户的资金流动相对稳定，费用准备金宽松，可以考虑长期战略资产配置的投资安排。

### （一）开发部分投资逻辑相对简单的投连险产品

根据相关调研，部分商业银行网点已经不再代销投连险产品，原因是投连险产品相对其他保险产品更为复杂，对营销人员的能力要求更高，部分消费者也并非完全理解投连险的产品模式和投资逻辑，容易形成消费误导。建议保险公司开发一些投资逻辑相对简单的投连险产品，便于投资经验不足的消费者理解和购买。

### （二）与公募基金的产品差异化竞争

从某种程度上来说，当前市场上的投连险产品比较接近于公募基金产品，建议投连险产品采取差异化竞争策略。一是投连险产品与公募基金产品的最大区别在于其含有一定的保障功能，鼓励推广高保额投连险，真正实现投连险保障功能与投资功能的结合。二是相对公募基金的投资者，投连险产品的投保人一般持有产品的时间较长，因此投连险的账户资金可偏重于投资长期稳定增长和未来具有发展潜力的投资标的，而并非局限于中短期高投资收益。

### （三）吸取公募基金成熟的管理经验

监管要求保险公司定期对投连险产品和账户进行信息披露，但每家公司的披露内容详略有所不同。建议保险公司对投连险账户信息披露的更加详细，如披露账户的持仓情况、主要账户投资团队的情况等。模仿基金定投的投资方式，设置相应的投连险定投方式，并搭配相应的扣费优惠、奖励金等。保费扣费方面，尽量对标公募基金，不应设置太高的扣费比例。进一步增强产品的灵活性，提供更加方便快捷的追加保费、部分领取个人账户或退保手段。

### （四）建立稳定的有竞争力的投资专业队伍

在资管新规的要求下，保险行业的资产管理也要进入金融行业大资管的监管体系中，保险行业资管独有的负债驱动特性对专业人才的需求更加迫切，也需要相对稳定的人才队伍可以长期思考和积累保险业资管的特殊性和专业性。

# 分报告七
# 中端医疗保险产品市场调研报告

## 一、中端医疗保险产品市场状况

### （一）中端医疗保险产品市场发展状况

2019年，以百万医疗为代表的中端医疗险市场持续火爆，发展如火如荼。随着社会经济的不断发展，人民生活水平的不断提高，个人和家庭的风险保障及健康管理意识也不断提高。自2016年众安保险首次推出百万医疗险产品以来，为切合人民群众各方面的保障需求，百万医疗险产品经过了多次迭代，迭代的重点主要在于保险责任的多样化和精细化。2019年10月，银保监会颁布新版《健康保险管理办法》对商业医疗险产品进行规范，同时鼓励保险公司开发创新型医疗险产品，采用新技术提升风险管理水平，将新药品、医疗器械及诊疗方法纳入保障范围，满足群众多样化健康保障需求。在此背景下，2019年中端医疗险产品不断进行升级创新，主要体现在以下两个方面：

1. 销售渠道

近年来，“互联网 +”、大数据、云计算等新技术的加速发展使得互联网保险的普及程度更高。除个人代理渠道和银保渠道外，中端医疗保险由于保费低、保额高的特点非常适合互联网渠道，各大保险公司也在此背景下纷纷利用互联网平台销售保险产品。主要模式有 3 种：保险公司官网及官方微信商城销售、第三方电子商务平台销售、专业中介网站销售。与传统的个险及银保渠道相比，互联网渠道销售流程更加简单、营销成本更加低廉且与客户有较强的交互性。大流量带来大销量，保险公司与客户流量多的大型平台合作有利于打开潜在客户市场，提高产品竞争力。

2. 形态及责任

中端医疗险升级创新的重点在于产品形态及保障责任。总体来说，产品形态更加多样化，保障的责任更加丰富。

产品形态方面，除了百万医疗产品外，还有其他创新型产品出现，主要创新点是将可保人群由“标准体”向“非标体”开拓。2019 年 4 月，国务院办公厅发布《关于推进养老服务发展的意见》，要求推动发展养老普惠金融，支持老年人购买保险，鼓励保险公司合理设计产品，科学厘定费率。同月，水滴保联合安心保险推出了国内首款可保非标体、投保年龄直达 80 周岁的老年医疗险。随后有多家保险公司相继开发出专为 46–80 周岁中老年人设计的医疗险，具体产品市场状况见《专题报告——老年医疗保险产品市场调研报告》。

除此之外，仅包含恶性肿瘤医疗保险责任的防癌医疗险产品显著增多。与一般的百万医疗险相比，防癌医疗险核保更宽松，部分产品可承保患有三高、糖尿病等慢性疾病的“非标体”人群，且最高投保年龄也可达70—80周岁，丰富了医疗险市场。

在保障责任方面，中端医疗险也进行了多方面升级创新，如新增特定医疗项目保障、新增特定疾病额外医疗保障、扩大保障范围、创新附加增值服务等。最主要的创新点在于恶性肿瘤特定药品费用医疗保险责任，针对医生开具的恶性肿瘤特效靶向药物及免疫治疗药物予以赔付。这部分药物不在医保范围内且价格高昂，但对于肿瘤患者来说必不可缺，中端医疗保险新增的特药费用赔付责任弥补了医保空缺。

中端医疗险产品的升级创新无疑丰富了商业医疗险产品市场，多样化的产品更能满足人民群众的多样化需求，有利于完善医疗保障体系，提供了更多元、更全面、更完善的保障。但在此情况下，中端医疗险产品也存在着保障内容不明晰、条款设计烦琐复杂、宣传页内容与条款不符、增值服务缺乏保障等诸多问题，还需要进一步改进和完善。除此之外，目前的中端医疗险受众主要为一二线城市人群，仍处于发展阶段，有待探索和扩大下沉市场。

### （二）医疗保险产品报备情况

医疗保险产品总体报备数量呈上涨趋势，除2008—2009年迎来一波医疗险产品增长小高峰外，2018年更迎来一波医疗险“大爆发”，报备产品数量多达1755款，这是因为2018年银保监会发布了《关于组织开展人身保险产品专项核查清理工作的通知》。2019年新增医疗险产品报备数量与2018年之前相比维持在较高水平。各年份医疗险产品报备数量见图1。

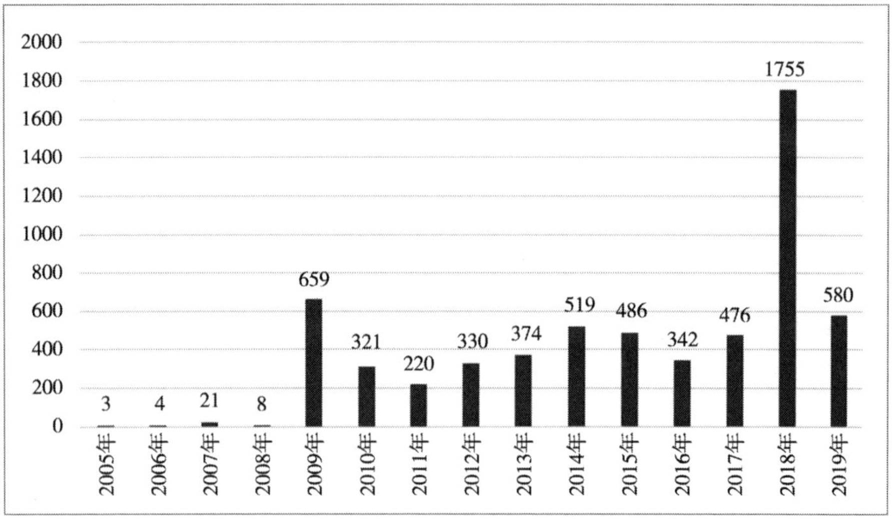


图 1　2005—2019 年医疗保险产品报备情况

2019 年新报备的医疗险产品中单独的个险医疗险数量约占 60%，相比 2018 年有所上升。而附加于重疾、寿险等主险上的附加医疗险产品报备数量约占 40%，呈下降趋势。具体个险和附加险产品报备数量统计情况见表 1。

表 1　中端医疗险产品个险和附加险报备情况统计

| 险种类型 | 比例 | | 变化趋势 |
|---|---|---|---|
| | 2018 年 | 2019 年 | |
| 个险 | 52% | 59% | ↑ |
| 个险附加 | 48% | 41% | ↓ |

### （三）中端医疗保险产品数据分析来源

《分报告五——中端医疗保险产品市场调研报告》的分析数据均来自市场公开信息，如产品条款、产品费率等。本分报告以下的统计分析结果基于 79 款中端医疗保险产品。

## 二、中端医疗保险产品特征分析

本分报告对 2019 年市场上在售的主流中端医疗险产品进行分析。

### （一）保险责任

中端医疗险合同包括的主要保险责任为一般医疗保险责任，如住院医疗费用、特殊门诊医疗费用、住院前后门急诊费用。一部分中端医疗险产品还包括重大疾病医疗保险责任、恶性肿瘤医疗保险责任等。这两种责任一般不设有免赔额，并且最高限额多数是一般医疗保险责任的 2 倍甚至 3 倍。由于重大疾病和恶性肿瘤所花费的医疗费用远超于一般疾病，增加这两种责任可以更好地补充一般医疗保险金的不足，使保障更加全面。其中，也有专门的防癌医疗险仅包含恶性肿瘤医疗保险责任。除此之外，还有少部分产品含有特定疾病及手术医疗保险责任、质子重离子医疗保险责任、恶性肿瘤赴海外医疗保险责任、恶性肿瘤特定药品费用医疗保险责任等其他医疗责任，产品亮点丰富，保障更加全面。主要保险责任统计结果见表 2。

表 2　中端医疗险产品主要保险责任统计

| 保险责任 | | 比例 | | 变化趋势 |
|---|---|---|---|---|
| | | 2018 年 | 2019 年 | |
| 一般医疗保险责任 | 住院医疗费用 | 93% | 79% | ↓ |
| | 特殊门诊医疗费用 | 89% | 72% | ↓ |
| | 住院前后门急诊费用 | 64% | 65% | ↑ |
| 重大疾病医疗保险责任 | | 38% | 57% | ↑ |
| 恶性肿瘤医疗保险责任 | | 54% | 42% | ↓ |
| 其他医疗保险责任 | 特定疾病及手术医疗保险责任 | 6% | 19% | ↑ |
| | 质子重离子医疗保险责任 | 27% | 47% | ↑ |
| | 恶性肿瘤赴海外医疗保险责任 | 2% | 11% | ↑ |
| | 恶性肿瘤特定药品费用医疗保险责任 | 6% | 13% | ↑ |

从表 2 可以看出，2019 年一般医疗保险责任的住院医疗费用和特殊门诊医疗费用占比均有所下降，主要是中端医疗险产品中防癌医疗险占比上升的缘故。值得注意的是，2019 年中，更多中端医疗险产品额外增加了重大疾病医疗保险责任，扩大了保障的覆盖面。此外，其他医疗保险责任中各项责任占比也均有较大幅度的上升。

1. 一般医疗保险责任

一般医疗保险责任指在合同有效期内，被保险人因遭受意外伤害事故或者在等待期后患疾病，经合同约定的医疗机构诊断必须接受治疗，且在合同约定的医疗机构内接受治疗的，按照合同约定承担给付一般医疗保险金的责任。一般医疗保险责任涵盖三大类费用：住院医疗费用、特殊门诊医疗费用及住院前后门诊费用。

（1）住院医疗费用

住院医疗费用指被保险人住院治疗期间实际发生并支付的合理且必要的住院医疗费用。主要包含床位费（含医院床位费、重症监护室床位费、加床费）、膳食费、药品费、材料费、诊疗费（医生费）、治疗费、护理费、检查化验费、手术费、器官移植费、救护车使用费等。住院医疗费用各项责任占比统计结果见表3。

表3　中端医疗险产品住院医疗费用各项责任占比统计

| 费用项目 | | 比例 | | 变化趋势 |
|---|---|---|---|---|
| | | 2018年 | 2019年 | |
| 床位费 | 医院床位费 | 100% | 100% | → |
| | 重症监护室床位费 | 77% | 86% | ↑ |
| | 加床费 | 33% | 44% | ↑ |
| 药品费 | | 100% | 100% | → |
| 治疗费 | | 100% | 100% | → |
| 检查化验 | | 100% | 100% | → |
| 护理费 | | 98% | 100% | ↑ |
| 诊疗费（医生费） | | 83% | 98% | ↑ |
| 手术费 | | 100% | 98% | ↓ |
| 膳食费 | | 98% | 95% | ↓ |
| 材料费 | | 40% | 13% | ↓ |
| 器官移植费 | | 19% | 2% | ↓ |
| 救护车使用费 | | 65% | 68% | ↑ |
| 其他费用 | | 18% | 10% | ↓ |

由表 3 可以看出，2019 与 2018 年相比，床位费中增加了重症监护室床位费和加床费项目的产品占比均有所提高，扩大了床位费赔付范围；涵盖诊疗费（医生费）项目的产品占比明显提高；但含有材料费、器官移植费和其他费用项目的产品占比均有所降低。

总体来说，2019 年中端医疗险产品涵盖的住院医疗费用项目更加集中和统一，绝大多数都包含医院床位费、药品费、治疗费、检查化验费、护理费、诊疗费（医生费）、手术费及膳食费这八大类费用，除此之外，还有近 70% 的产品涵盖了救护车使用费。这些基本覆盖了被保险人从门诊到住院所产生的主要费用。

值得特别注意的是，不同的中端医疗险产品对于药品费所包含的药品范围规定有较大的差异，具体说明及比例见表 4。

表 4　中端医疗险产品不同药品费范围占比统计

| 药品费范围 | 比例 | | 变化趋势 |
|---|---|---|---|
| | 2018 年 | 2019 年 | |
| 不限社保用药，但不包括：营养补充类药品，免疫功能调节类药品，美容及减肥类药品，预防类药品，中药类药品 | 50% | 69% | ↑ |
| 自购药赔付 60%；不限社保用药，但不包括：营养补充类药品，免疫功能调节类药品，美容及减肥类药品，预防类药品，中药类药品 | —— | 10% | —— |
| 不限社保用药，但不包括：中草药 | 12% | 10% | ↓ |
| 不限社保用药，但不包括：中药类药品 | 23% | 4% | ↓ |
| 其他 | 15% | 7% | ↓ |

2019 年新报备的中端医疗产品中，约 7 成的产品不包含营养补充类、免疫功能调节类、美容及减肥类、预防类和中药类药品赔付责任，相较 2018 年有所提升。相应地，在 2019 年的新产品中，仅除外中草药或中药类药品的保险产品较 2018 年有所下降。这说明保险产品对于药品赔付责任更加规范化、同质化。2019 年有部分产品增加了自购药赔付责任，对被保险人根据医生处方在非医院范围内自购的药物按一定比例（多为 60%）进行赔付，扩展了药品责任，对被保险人更友好。

（2）特殊门诊医疗费用

特殊门诊医疗费用指被保险人以门诊方式接受特殊治疗期间实际发生并支付的合理且必要的门诊医疗费用。其中，特殊治疗主要包含门诊肾透析、门诊恶性肿瘤治疗、器官移植后的门诊抗排异治疗及门诊手术。特殊门诊医疗各项目占比统计结果见表 5。

**表 5 中端医疗险产品特殊门诊医疗各项目占比统计**

| 药品费范围 | 比例 | | 变化趋势 |
|---|---|---|---|
| | 2018 年 | 2019 年 | |
| 门诊肾透析 | 96% | 100% | ↑ |
| 门诊恶性肿瘤 | 96% | 100% | ↑ |
| 器官移植后的门诊抗排异治疗 | 92% | 98% | ↑ |
| 门诊手术费用 | 74% | 79% | ↑ |

从表 5 可以看出，2019 年含有特殊门诊医疗保险责任的中端医疗险产品基本都含有门诊肾透析、门诊恶性肿瘤及器官移植后的门诊抗排异治疗三大项目，且各项目占比相较于 2018 年均有所提升。门诊恶性肿瘤责

任中，有90%以上的产品涵盖化学疗法、放射疗法、肿瘤免疫疗法、肿瘤内分泌疗法、肿瘤靶向疗法五种疗法，少部分产品加入电疗、质子重离子疗法，极个别产品包含矫形及重建手术责任等。

除此之外，还有部分产品在特殊门诊医疗费用责任中包含其他方面项目，一般为保险公司设计的特色内容，包括血管造影、头颅CT等检查费用、日间手术费用、门诊慢性肾功能衰竭早期治疗费以及门诊激光治疗费等。

（3）住院前后门急诊费用

住院前后门急诊费用指被保险人在住院前及出院后若干天内，因与住院相同的原因进行门急诊医疗的费用。对于住院前及出院后的具体保障天数，各医疗险产品的规定有所不同，详见表6。

表6　中端医疗险产品住院前后门急诊保障天数统计

| 住院前后门急诊保障天数 | 比例 | | 变化趋势 |
|---|---|---|---|
| | 2018年 | 2019年 | |
| 住院前7天，出院后7天 | 31% | 10% | ↓ |
| 住院前7天，出院后30天 | 69% | 86% | ↑ |
| 住院前30天，出院后30天 | —— | 4% | —— |

与2018年相比，2019年的中端医疗险产品对住院前后门急诊保障天数的设置呈增加趋势，对被保险人更加友好。

2. 重大疾病医疗保险责任

重大疾病医疗保险责任指在合同有效期内，若被保险人因遭受意外伤害或在等待期后因意外伤害以外的原因确诊初次发生合同约定的重大疾病

（无论一种或多种）必须在医院接受治疗的，对于治疗期间发生的合理且必要的医疗费用，按照约定给付重大疾病医疗保险金。

（1）重疾病种数量

不同产品包含的重疾数量差异较大：大部分产品包含近百种重疾，也有少部分产品仅包含5—6种特殊疾病或仅包含《重大疾病保险的疾病定义使用规范（2003—2006）》里定义的25种疾病。相比2018年，2019年中端医疗险重疾医疗保险责任涵盖的重疾病种数量有所增加。重疾医疗保险责任重疾病种数量统计结果见表7。

表7　中端医疗险产品重疾医疗保险责任重疾病种数量统计

| 重疾病种数量 | 比例 | | 变化趋势 |
|---|---|---|---|
| | 2018年 | 2019年 | |
| 99种以下 | 24% | 9% | ↓ |
| 99种及以上 | 76% | 91% | ↑ |

（2）重疾医疗费用

重大疾病医疗保险责任涵盖的可报销费用范围与一般医疗保险责任相同，也包含重大疾病住院医疗费用、特殊门诊医疗费用、门诊手术医疗费用及住院前后门急诊费用，且各项费用的具体内容也与一般医疗基本一致。比较特殊的是，有部分产品会在一般医疗保险责任外特别针对重大疾病给付定额保险金或住院津贴保险金，定额给付金额一般为0.5—3万元，也有少部分产品给付10万元及以上，住院津贴一般为100—300元/天。

3. 恶性肿瘤医疗保险责任

恶性肿瘤医疗保险责任指在合同有效期内，若被保险人因遭受意外伤害或在等待期后因意外伤害以外的原因初次确诊罹患恶性肿瘤必须在医院接受治疗的，对于治疗期间发生的合理且必要的医疗费用，按照约定给付恶性肿瘤医疗保险金。恶性肿瘤医疗保险责任涵盖的可报销费用范围与一般医疗保险责任相同，包含恶性肿瘤住院医疗费用、特殊门诊医疗费用、门诊手术医疗费用及住院前后门急诊费用。与重大疾病医疗保险责任类似，某些产品也会专门针对恶性肿瘤给付定额保险金或住院津贴。

除了部分百万医疗险产品中含有额外的恶性肿瘤医疗保险责任外，2019 年专门针对恶性肿瘤开发的防癌医疗险数量显著增多，达到中端医疗险产品总量的近 17%。

4. 其他医疗保险责任

除上述一般医疗保险责任、重大疾病及恶性肿瘤医疗保险责任外，某些产品还含有一些特殊的其他医疗保险责任，多为医疗险可选责任或可选附加险形式出现，为不同需求、不同经济能力的投保人提供多样化选择。

（1）特定疾病及手术医疗保险责任

特定疾病及手术医疗保险责任指针对某些治疗费用高、治疗难度大的疾病（如恶性肿瘤或良性脑肿瘤、重型再生障碍性贫血等）及手术（如重大器官移植术或造血干细胞移植术、主动脉手术、急性坏死性胰腺炎开腹手术等）在一般医疗保险责任的基础上额外再增加一定的保额，或者提供特需医疗保障，即特定重大疾病在特需医疗部、国际医疗部或 VIP 医疗部治疗也可获得赔付，相当于为患病的被保险人提供更优质的医疗服务。这两种方式涵盖的具体医疗费用与一般医疗保险责任各项基本一致。其中，第二种方式与高端医疗险不同的是，该责任仅对10余种特定疾病及手术提供特需服务，而高端医疗险对所有疾病均提供特需服务。2019年约有19%的产品含有该项责任，且在含有该项责任的产品中大部分采用额外增加保额（一般为100万元或200万元）的方式提供更全面的保障。特定疾病及手术医疗保险责任保障方式统计结果见表8。

表8　中端医疗险产品特定疾病及手术医疗保险责任保障方式统计

| 保障方式 | 比例 |
|---|---|
| 特定疾病及手术额外增加保额 | 67% |
| 特定疾病及手术提供特需医疗保障 | 33% |

（2）质子重离子医疗保险责任

质子重离子疗法是指针对恶性肿瘤采用质子和重离子技术进行放射治疗，是国际公认的放疗尖端技术。质子和重离子同属于粒子线，与传统的光子线不同，粒子线可以形成能量布拉格峰，能够在对肿瘤进行集中爆破的同时，减少对健康组织的伤害。当被保险人经医院明确诊断罹患合同约定的疾病且需在保险人指定的医疗机构接受质子治疗、重离子治疗时，保险人对被保险人实际支出的、合理且必要的质子重离子医疗费用进行赔付。2018年约有27%的中端医疗险产品含有质子重离子医疗保险责任，2019年含有该项责任的产品占比大幅提升，达到47%。大多数产品质子重离子费用报销比例为100%，也有部分产品仅报销60%。质子重离子医疗费用报销比例统计结果见表9。

表 9 中端医疗险产品质子重离子医疗费用报销比例统计

| 质子重离子费用报销比例 | 比例 |
| --- | --- |
| 60% 以下 | 3% |
| 60% | 16% |
| 61%—99% | 8% |
| 100% | 73% |

（3）恶性肿瘤赴海外医疗保险责任

恶性肿瘤赴海外医疗保险责任指在合同有效期内，若被保险人因遭受意外伤害或在等待期后因意外伤害以外的原因，在经保险人认可的医疗机构确诊首次患有恶性肿瘤。被保险人向保险人提出恶性肿瘤赴海外（多数为日本）治疗书面申请，并经保险人授权的第三方服务商（以下简称“授权服务提供商”）安排的诊疗意见确认，可前往保险人认可的海外医疗机构进行治疗。对于被保险人在授权服务提供商安排在海外接受恶性肿瘤治疗期间，在经认可的海外医疗机构发生的、需个人支付的、必需且合理的医疗费用，保险人应按照合同的约定承担给付恶性肿瘤赴海外医疗费用保险金。

海外医疗所需的医疗费用高，流程复杂，保险人承担的风险较大，所以赔付一般限额、限次数，且不是 100% 报销，赔付比例多为 70%。统计分析的中端医疗险中约有 11% 的产品含有该项责任，且多以可选责任或附加险形式出现。

（4）恶性肿瘤特定药品费用医疗保险责任

恶性肿瘤特定药品费用医疗保险责任指等待期后，被保险人确诊罹患恶性肿瘤（一般仅赔付初次确诊），对治疗实际发生的、必需且合理的特定药品费用，保险人按照约定的给付比例给付恶性肿瘤特定药品费用医疗保险金。保险人承担该项责任一般需要满足以下要求：

1. 该特定药品须由医院专科医生开具处方且为被保险人当前治疗必需的药品，且每次特定药品处方剂量不超过 30 日；

2. 该特定药品在保险人指定的药品清单列表中；

3. 该特定药品须在保险人指定药店购买。

保险人指定的特定药品基本为国家药品监督管理局批准且已在中国上市的靶向药物和免疫治疗药物，但具体涵盖的药品数量有较大差别，从 10 种到 70 种不等，以保险公司公布的药品清单为准。特药费用赔付比例一般为 100%，但社保内的药品未用社保购买仅赔付 60%，保额多数为 100 万元或 200 万元。

恶性肿瘤治疗周期长，药品开销巨大，一般医疗保险责任保障的药品责任保额有限且无法涵盖社保目录外和需要在院外购买的多数抗癌药。恶性肿瘤特定药品费用医疗保险责任能有效地补充药品费用缺口，是 2019 年中端医疗险市场的一大亮点。统计的中端医疗险中约有 13% 的产品含有该项责任，为恶性肿瘤患者的持续治疗提供较全面的药品保障。

## （二）赔付标准

中端医疗险一般均适用医疗费用补偿原则，对被保险人进行符合合同约定的相关治疗产生的费用进行赔付。赔付标准一般是：医疗保险金 =（被保险人实际支出的符合保险合同相关约定的医疗费用 – 免赔额）× 赔付比例。

1. 免赔额

免赔额指在保险合同约定的保险期间内，由被保险人自行承担，保险人不予以赔付的额度。免赔额的设置一方面是为了简化手续，避免多次小额赔款带来的不便，另一方面也是为了加强消费者的防范与预防意识，共担风险。

（1）计算方法

一般中端医疗产品规定从商业保险，侵权方或第三方获得的补偿可计入免赔额用以抵消，但是通过公费医疗保障和社会医疗保险统筹账户获得的医疗费用补偿不可计入免赔额。目前，市场上已出现少数产品的免赔额计算包含医保统筹，一定程度上降低了免赔额度，这样的设置对被保险人更加友好。

（2）免赔额度

中端医疗险规定一般疾病医疗费用免赔额大多为 1 万元，重大疾病或恶性肿瘤医疗费用无免赔额，即只要是因恶性肿瘤或因合同里约定的重大疾病产生的医疗费用，保险公司均予以赔付。防癌医疗险一般也不设有免赔额。中端医疗险产品免赔额度统计结果见表 10。

表 10　中端医疗险产品免赔额度统计

| 免赔额度 | 比例 |
|---|---|
| 无免赔额 | 17% |
| 1 万元以下 | 4% |
| 1 万元 | 67% |
| 2 万元 | 12% |

2. 赔付比例

保险公司会对被保险人实际支出的符合保险合同相关约定的医疗费用给予一定比例的赔付。一般情况下，被保险人以无社保身份投保或以有社保身份投保并以参加社保身份就诊并结算的，赔付比例为 100%；被保险人以有社保身份投保但未以参加社保身份就诊并结算的，赔付比例则在 50%—80% 之间，统计结果中有约 80% 的产品在这种情况下赔付 60%。这是因为保险公司在精算定价中考虑了被保险人参与社保的情况：有社保的被保险人就诊及住院时将得到社保的赔付，需要商业医疗险再进行赔付的金额较低，因此保费更低；反之，无社保的被保险人保费更高。若被保险人以有社保身份参保，但并未以此进行就诊结算，则与保险公司定价的初衷不符，所以需要在赔付比例上进行一定的调整。

## （三）免责条款

免责条款的设置一方面是为了防范道德风险，避免消费者的故意行为造成的损失，另一方面也是为了精算定价的需要。由于疾病范围广泛、医疗费用项目众多种类繁杂，中端医疗险的免责条款数量较多，设置也较为复杂。

2019 年新报备的中端医疗险产品中，有超过 60% 的产品免责条款数量为 17—25 条，与 2018 年基本一致；免责条款 21 条及以上的产品占比总体上升，更加趋于保守。免责条款数量的统计结果见表 11。

表 11　中端医疗险产品免责条款数量统计

| 免责条款数量 | 比例 | | 变化趋势 |
|---|---|---|---|
| | 2018 年 | 2019 年 | |
| 16 条及以下 | 24% | 23% | ↓ |
| 17—20 条 | 36% | 30% | ↓ |
| 21—25 条 | 26% | 33% | ↑ |
| 26 条及以上 | 9% | 14% | ↑ |

2019 年中端医疗险免责条款设置基本与 2018 年一致。除了对基本的违法犯罪及故意行为类免责外，还对整形、体检等非疾病治疗项目，精神病、传染病等特殊疾病等免责。不同的产品免责条款具体内容差异较大，需要仔细甄别和比较。

## （四）普通条款

### 1. 投保年龄

大部分中端医疗险的最低被保险人年龄是 0 周岁（28 天 /30 天），其中最低投保年龄为 40 周岁及以上的多为中老年医疗险。2019 年最高投保年龄为 45—65 周岁的产品占比均有下降，而 70 周岁及以上的占比显著上升。从统计结果来看，2019 年的中端医疗险产品投保年龄范围扩大，为高龄群体提供保障。投保年龄统计结果见表 12 和表 13。

表 12 中端医疗险产品最低投保年龄统计

| 最低投保年龄 | | 0 周岁（28 天 /30 天） | 16—18 周岁 | 40 周岁及以上 |
|---|---|---|---|---|
| 比例 | 2018 年 | 86% | 2% | 15% |
| | 2019 年 | 80% | 8% | 13% |
| 变化趋势 | | ↓ | ↑ | ↓ |

表 13 中端医疗险产品最高投保年龄统计

| 最高投保年龄 | | 45—55 周岁 | 60 周岁 | 65 周岁 | 70 周岁及以上 |
|---|---|---|---|---|---|
| 比例 | 2018 年 | 9% | 52% | 34% | 5% |
| | 2019 年 | 10% | 25% | 34% | 30% |
| 变化趋势 | | ↑ | ↓ | → | ↑ |

2. 犹豫期

中端医疗险产品的犹豫期多数采用 10 天或 15 天。

3. 交费方式

中端医疗险的交费方式多为趸交，部分产品也提供月交的方式。2019 年提供趸交、月交两种交费方式的产品占比上升，交费方式更加灵活。交费方式统计结果见表 14。

表 14 中端医疗险产品交费方式统计

| 交费方式 | | 趸交 | 趸交，月交 |
|---|---|---|---|
| 比例 | 2018 年 | 91% | 7% |
| | 2019 年 | 80% | 13% |
| 变化趋势 | | ↓ | ↑ |

4. 等待期

从统计结果来看，2019 年中端医疗险产品中，等待期为 90 天的产品占比略有上升。主要原因是 2019 年防癌医疗险和中老年医疗险产品的增多，出于控制风险的角度，这两类产品等待期时间略长，多数为 90 天。等待期统计结果见表 15。

表 15　中端医疗险产品等待期统计

| 等待期 | | 30 天 | 90 天 | 其他 |
|---|---|---|---|---|
| 比例 | 2018 年 | 56% | 22% | 22% |
| | 2019 年 | 53% | 30% | 16% |
| 变化趋势 | | ↓ | ↑ | ↓ |

等待期内的责任设置最常见的方式为：在等待期内发生合同约定的医疗费用，保险人不承担给付保险金的责任，但意外导致的医疗费用除外。在含有恶性肿瘤或重大疾病医疗保险责任的中端医疗险中，一般仅赔付被保险人在等待期后初次确诊的恶性肿瘤或重大疾病相关医疗费用。

5. 保险期间及续保

中端医疗险多为短期健康险产品，保险期间多为一年，也有少数产品保险期间为 3 年或 5 年。中端医疗险产品一般均含有“续保”条款，即可以连续购买该保险，各产品的续保方式一般分为非保证续保和保证续保两大类。保险期间在 1 年及 1 年以下且不含有保证续保条款的为短期健康保险；保险期间超过 1 年或者保险期间虽不超过 1 年但含有保证续保条款的为长期健康保险。

2020年1月，银保监会下发了《关于规范短期健康保险业务有关问题的通知（征求意见稿）》（以下简称《征求意见稿》），对短期健康保险的续保进行规范，要求保险公司开发的短期健康保险产品，凡是包含续保责任的，必须在条款中明确表述为“非保证续保”条款，不得含有“连续投保”“自动续保”“承诺续保”等易与长期健康险混合的词句。具体表述应为“本产品保险期间为一年（或不超过一年）。保险期间届满，投保人需要重新向保险公司申请投保本产品，交纳保险费，并获得新的保险合同”。

但在《征求意见稿》发布以前，各中端医疗险产品对于续保方式的描述千差万别，表述也较为模糊。根据整理，我们将所有没有明确写明“保证续保”的产品均归为“非保证续保”的续保方式类别。续保方式统计结果见表16。

表16　中端医疗险产品续保方式统计

| 续保方式 | | 比例 | | 变化趋势 |
|---|---|---|---|---|
| | | 2018年 | 2019年 | |
| 保证续保 | 保证续保：每3年为一个保证期 | 5% | 1% | ↓ |
| | 保证续保：每6年为一个保证期 | 7% | 14% | ↑ |
| 非保证续保 | 非保证续保：申请续保，整体费率可调 | 41% | 65% | ↑ |
| | 非保证续保：自动续保，整体费率可调 | 18% | 13% | ↓ |
| | 非保证续保：自动续保或申请续保，整体费率可调 | 16% | 8% | ↓ |

从表 16 中可以看出，相较于 2018 年，2019 年中端医疗险产品中写明“申请续保”的产品比例显著增加，采用“自动续保”或其他表述的产品占比下降。产品条款中对于“非保证续保”的续保方式描述更加趋于规范，向《征求意见稿》中的规定靠拢。而所有没有明确写明“非保证续保”、含有“自动续保”等字样的已经备案销售的中端医疗险产品也应于 2020 年 6 月 1 日前停售。

（1）最高续保年龄

医疗险中端产品一般都对最高可续保年龄有所规定，而并非可终身续保。相比于 2018 年，2019 年最高续保年龄明显延长，有近 65% 的产品最高续保年龄在 100 周岁及以上，接近于终身续保，保障范围更广。最高续保年龄统计结果见表 17。

表 17　中端医疗险产品最高续保年龄统计

| 最高续保年龄 | | 80 周岁 | 99 周岁 | 100 周岁 | 100 周岁以上 |
|---|---|---|---|---|---|
| 比例 | 2018 年 | 31% | 28% | 24% | 7% |
| | 2019 年 | 14% | 20% | 39% | 24% |
| 变化趋势 | | ↓ | ↓ | ↑ | ↑ |

（2）停售能否续保

产品停售一般有以下几种情况：一是产品销售情况较差，可能的原因包括产品设计不合理、缺乏特色、宣传不足、竞争力较低等；二是产品亏损严重，可能的原因包括产品费率过低、对市场利率、成本费用及赔付率预估错误等；三是生命周期表改变、监管政策变化、产品更新升级、公司调整等其他原因。

一般情况下医疗险合同条款中都会明确规定“停售不能续保”。在含有“保证续保”条款的产品中一般会特殊说明在保证续保期间内停售不受影响，但不再次接受投保申请。

2020 年《征求意见稿》中明确规定产品停售需要提前告知消费者，披露停售的具体原因、具体时间，同时需要提供后续服务措施，主要包括为已购买产品的保险消费者在保险期间内继续提供保障服务和在届满时提供必要且合理的转保服务两方面。

## （五）特殊条款

中端医疗险产品理赔范围广、涉及的医疗内容复杂，相对于其他人身险产品来说，对保障责任的规定更加细致，也涵盖更多特殊条款与增值服务。

### 1. 医院范围

在不同中端医疗险产品中对医院范围的规定尤其值得注意。大多数产品规定的医院范围都要求是中国境内（不含中国香港、澳门和台湾地区）。医院一般规定为二级及以上公立医院或保险公司指定或认可的定点医院，极少数涉及私立医院或昂贵医院，一般不包括疗养院、老人院、康复中心、精神心理治疗中心、戒毒中心、戒酒中心、健康中心以及无相应医护人员或设备的二级或二级以上的联合医院或联合病房。病房类别一般为普通部，也有少数会涵盖特需部、VIP 部等。具体医院范围统计结果见表 18。

表 18　中端医疗险产品医院范围统计

| 医院范围 | 比例 |
| --- | --- |
| 仅限于二级及以上公立医院普通部 | 58% |
| 仅限于二级及以上公立医院普通部或上海质子重离子医院 | 21% |
| 仅限于二级及以上公立医院普通部或保险人认可医院 | 10% |
| 其他（医院范围包含特需部、VIP 部、国际部或境外指定医院等） | 12% |

2. 意外伤害范围

意外伤害指遭受外来的、突发的、非本意的、非疾病的客观事件直接致使身体受到的伤害。有半数的一般医疗险产品中对意外伤害范围无特殊说明，但也有半数的产品中特别说明不包含猝死、反应性疾病、感染性疾病及故意行为等。具体意外伤害范围统计结果见表 19。

表 19　中端医疗险产品意外伤害范围统计

| 意外伤害范围 | 比例 |
| --- | --- |
| 无特殊说明 | 50% |
| 不包括：猝死 | 24% |
| 不包括：猝死、自然死亡、疾病身故、自杀及自伤 | 16% |
| 不包括：猝死、过敏及由过敏引发的变态反应性疾病、高原反应、中暑、细菌及病毒或其他病原体导致的感染性疾病 | 13% |
| 不包括：猝死、过敏及过敏引发的变态反应性疾病、高原反应、中暑、自然死亡、疾病身故、自杀以及自伤 | 1% |

3 . 家庭保单

家庭保单指被保险人的家庭成员若与被保险人同时参保，且投保人数在特定人数及以上时，可选择投保家庭保单。同时参保是指被保险人与其家庭成员一起同时投保相同的医疗险或保障计划，并按照约定支付保险费的过程。家庭保单给予被保险人的优惠一般有三个方面：

（1）家庭保单成员共享保额，即某一被保险人的保额使用完后可继续使用其他被保险人的保额，直到所有家庭保单成员的保额全部使用完为止；

（2）家庭保单成员共享同一免赔额，相当于总体免赔额降低；

（3）家庭保单成员共同投保的每个被保险人的费率一般低于被保险人单独投保的费率，多数产品会有单独投保费率基础上 95% 的折扣优惠。

保险人一般不会同时给予上述三种优惠，只会选择一到两种，大部分产品给予被保险人家庭费率优惠。家庭保单要求的投保人数一般在 3 人及以上，部分保险产品仅要求 2 人及以上。家庭成员仅指被保险人的父母或被保险人投保时具有合法婚姻关系的配偶及其子女，有的保险产品中也包含配偶的父母。统计的中端医疗险中约有 12.7% 的产品含该项条款，家庭保单具体优惠方式及投保人群范围统计结果分别见表 20 和表 21。

表 20　中端医疗险产品家庭保单优惠方式统计

| 家庭保单优惠方式 | 比例 |
|---|---|
| 共享保额 | 20% |
| 共享免赔额 | 30% |
| 家庭费率 | 70% |

表 21　中端医疗险产品家庭保单投保人范围统计

| 家庭保单投保人范围 | 比例 |
|---|---|
| 2–4 人：父母、配偶、子女、配偶的父母 | 10% |
| 2–7 人：父母、配偶、子女、配偶的父母 | 20% |
| 3 人及以上：父母、配偶、子女 | 60% |
| 3 人及以上：父母、配偶、子女、配偶的父母 | 10% |

4. 责任延续

责任延续指若被保险人在保险期间内开始住院治疗，到保险期间届满住院仍未结束，且不再续保的，保险人将继续在合同约定的医疗保险金年度给付限额内承担给付保险金责任至住院结束，但有延续时长限制，一般最长不超过保险期间届满之日起第 30 天，也有部分保险延续至 90 天。除此之外，对于特定疾病（如恶性肿瘤等）、特定治疗项目（如质子重离子治疗等），赔付责任的延续时间可能更长，达到 180 天甚至 1 年。责任延续使得被保险人的利益得到更好的保障，照顾到保险期间届满前几日患病的被保险人。同时，保险公司通过提供更全面的服务，提高产品竞争力。统计的中端医疗险中约有 90% 的产品含有延续责任，其中约 75% 的产品对所有住院医疗费用均可延续赔付。责任延续情况统计结果见表 22。

表 22　中端医疗险产品责任延续情况统计

| 责任延续 | | 比例 |
|---|---|---|
| 责任范围 | 责任延续至届满后天数 | |
| 所有住院医疗费用 | 30 天 | 61% |
| | 90 天 | 7% |
| | 180 天 | 7% |

（续表）

| 责任延续 | | 比例 |
| --- | --- | --- |
| 责任范围 | 责任延续至届满后天数 | |
| 质子重离子住院医疗费用 | 30 天 | 6% |
| | 180 天 | 1% |
| 仅恶性肿瘤住院医疗费用 | 30 天 | 6% |
| | 180 天 | 4% |
| | 365 天 | 7% |

5. 无理赔优惠

无理赔优惠指若被保险人在一定时期内没有出险进行理赔，则保险公司会给予一定优惠措施。统计的中端医疗险中约有 10% 的产品含有该条款，不同的医疗险产品的优惠措施有所不同：大多数产品规定在若干年内无理赔，则免赔额降低一定数额且可以累计；也有少部分产品规定在最近若干个保险期间内无理赔，保险金额逐年递增。具体无理赔优惠内容统计结果见表 23。

表 23　中端医疗险产品无理赔优惠内容统计

| 理赔优惠内容 | 比例 |
| --- | --- |
| 每年为一个无理赔优惠审核期间，若通过则免赔额降低 1000 元（可累计，免赔额最低 8000 元） | 13% |
| 每年为一个无理赔优惠审核期间，若通过则免赔额降低 1000 元（可累计，免赔额最低 5000 元） | 25% |
| 保证续保期间内第二年后每年为一个无理赔优惠审核期间，若通过则免赔额降低 1000 元（可累计，免赔额最低 4000 元） | 13% |
| 保证续保期间内每年为一个无理赔优惠审核期间，若通过则免赔额降低 1000 元（可累计，免赔额最低 5000 元） | 38% |
| 若最近 n 个保险期间内未发生医疗保险金给付，一般医疗及重大疾病医疗保险金逐年递增至 20 × n 万元（最高 300 万元） | 13% |

6. 增值服务

中端医疗险产品通常含有增值服务项目，这些项目一般不在条款中列出，而是在宣传页或销售界面显示。随着“大健康”的不断发展，2019年中端医疗险产品更加重视将“医疗”与“健康管理服务”相结合，提供的增值服务也越来越多样。统计的中端医疗险中约有71%的产品含有该项责任，最主要的是绿色通道服务及补贴垫付服务。增值服务具体内容见表24。

表24　中端医疗险产品常见增值服务

| 增值服务项目 | | 具体内容示例 |
| --- | --- | --- |
| 绿色通道：为被保险人就诊及住院提供便利，使医疗服务更加便捷、质量更高 | 日常医疗咨询 | 指通过电话座席在线为被保险人提供个性化健康咨询和常见疾病咨询，其中座席一般由主治医师及以上职称的医学专业人士组成 |
| | 门诊预约挂号 | 指根据被保险人就医需求，提供三级甲等医院的专家门诊预约挂号服务，包含常见疾病及重大疾病的相关专家门诊预约 |
| | 专家门诊 | 指当被保险人罹患疾病时，指导完成相关检查，根据自身临床病征并综合就诊时间、地点及医院专家等方面偏好，选择和预约医学专家为被保险人提供门诊医疗服务；或通过详细询问被保险人病史及病征，指导其收集各种必需的病情资料并将资料转交至国内相关医学专业的顶级专家，由专家出具书面意见供被保险人及其家属参考 |
| | 二次诊疗意见 | 指根据被保险人需求并结合患者所患疾病，匹配相关领域权威的专家进行二次诊断，并由专家出具专业二次诊疗报告 |

（续表）

| 增值服务项目 | | 具体内容示例 |
|---|---|---|
| 绿色通道：为被保险人就诊及住院提供便利，使医疗服务更加便捷、质量更高 | 住院管家 | 指为被保险人住院期间提供床位协调、出入院手续协办、住院探访等相关住院的问题咨询或陪伴指引 |
| | 手术安排 | 指根据被保险人的疾病以及关于就诊时间、地点、医院等具体需求，综合医院资源情况，协助预约医院安排被保险人进行手术治疗 |
| | 海外就诊安排 | 一般只针对被诊断为重大疾病、出现罕见病或有特殊就医需求的被保险人。将根据被保险人症状，为其预约海外就医并制订最合适的海外就医方案，协助安排海外就医前、中、后的服务事宜。但该服务一般仅承担相应安排的服务费，海外就医的出行、治疗、生活及相关其他费用则由被保险人及其家属自行承担 |
| | 诊后随访 | 指通过各种方式，定期跟踪了解对诊治后的被保险人病情变化，对被保险人进行专业性康复指导 |
| 补贴、垫付及直付：为缓解被保险人及其家属的资金及现金流压力，给予一定的补助或筹资时间 | 异地转诊补贴 | 指当被保险人根据服务安排需到异地（离开常住地的城市）就诊时产生的合理且必要的交通费和住宿费，根据实际费用在约定限额内给予补贴 |
| | 医疗费用垫付 | 指被保险人患病住院后向保险公司申请垫付，保险公司经审核同意后，根据被保险人的需要，由保险公司或其合作的第三方机构代为垫付住院押金或住院医疗费等费用。出院后，被保险人仍需要走理赔申请流程，自费和报销各占多少费用以最终的理赔结论为准 |
| | 医疗费用直付 | 指被保险人患病住院后向保险公司申请直付，如住院医疗费用属于保险保障范围内，被保人就可不用支付现金，由保险公司或其合作的第三方机构和医院直接结算。出院后，被保险人也不用再申请理赔 |

（续表）

| 增值服务项目 | 具体内容示例 |
| --- | --- |
| 术后家庭护理服务 | 指为满足术后被保险人的家庭护理需求，保险人提供专业护士上门护理服务，服务内容包括打针、换药及特定疾病专项护理等服务，可减少被保险人出院后往返医院次数，预防伤口或病灶感染，促进康复 |
| 慢性病管理、预防及日常保健咨询 | 指了解被保险人的主诉及症状、诊断治疗经过，分析导致慢性疾病的常见诱因、加重因素等，解答慢性疾病的分型、慢性疾病治疗原则和影响治疗效果的因素，分析预后及注意事项；提供日常疾病的预防方法，指导戒烟 / 戒酒、体重控制、健康饮食等 |
| 基因检测服务 | 指通过检测技术，取被检测者外周静脉血或其他组织细胞，扩增其基因信息后，通过特定设备对被检测者细胞中的 DNA 分子信息做检测，分析它所含有的基因类型和基因缺陷及其表达功能是否正常，从而使被保险人能了解自己的基因信息，明确病因或预知身体患某种疾病的风险 |
| 体检服务 | 指为被保险人提供免费体检、体检计划建议、体检报告解读等服务 |

## 三、中端医疗保险产品展望

中端医疗险产品近年来发展迅速，多方面的升级和创新使产品更切合消费者实际需求。然而，中端医疗险产品市场仍有较大发展空间，从产品设计、定价、销售和售后各个环节均有待完善，需要行业内各方主体的共同努力。

## （一）中端医疗保险产品规范化

2019 年 11 月，银保监会发布了新修订的《健康保险管理办法》，对健康险业务经营、产品管理、销售管理、精算定价等各方面进行重新规范。2020 年 1 月，银保监会针对短期健康险下发了《征求意见稿》，对短期健康保险的范围、续保、停售、定价等方面进行规范。伴随相关政策的出台，中端医疗险产品规范化势在必行，也是未来商业医疗险产品能够健康创新发展的前提。

1. 产品条款规范化

产品条款规范化是保险产品规范化过程中的重中之重。作为投保人和保险公司双方协议的法律依据，合同条款应直截了当地注明双方各自所享有的权利和应尽的义务。对于投保人而言，条款规范化可以使投保人对产品的保障责任和自己需要缴纳的保费有清楚的认识；对于保险公司而言，条款规范化可以有效减少和投保人之间的理赔纠纷，降低理赔成本。

具体来说，规范的条款应达到以下两点标准：

首先，条款的表述应简洁易懂。阅读条款后，投保人应对保险产品的具体责任、赔付规则、免责条款、缴费期等重要信息了然于心。条款中应尽量使用白话表达，避免保险专业术语堆砌。对于必需使用的专业术语，保险公司在制定条款时也应该在合同中加入相关解释，便于投保人阅读。尤其是涉及免赔额、赔付比例等复杂计算时，合同中不仅应列出明确的计算公式，还应辅以具体的投保和试算案例来帮助投保人理解产品。

此外，条款中的责任描述应做到和行业规范一致。对于市面上纷繁杂乱的医疗服务项目和病种责任，不同保险公司的描述也不尽相同。以病种责任为例，部分保险公司为了制造噱头，强行将某个病种拆分成多个病种，与行业规范相悖。在保险责任层面，各保险公司之间应形成统一的责任描述，对于健康管理服务和病种描述应做到和行业规范保持一致。

2. 产品销售规范化

中端医疗险多采用网销的形式，产品销售过程和宣传内容应该更加透明和规范化。首先，产品销售页面展示的内容应与产品条款内容一致。产品宣传页面应将医疗险产品最主要的保障内容、产品特点及创新点完全展示出来，这将最直接地影响消费者的购买意愿，必须保证其绝对真实。其次，产品附加增值服务不应当只展现在销售页面，而应该加入条款。作为保险保障的一部分，应该明确地在合同中进行书面化规定，同时对于服务内容也应当更加具体和规范地阐述。

## （二）中端医疗保险产品个性化

产品个性化主要指产品更多地直面市场需求，以客户需求为产品创新的源泉，细分市场、细分产品，使产品更加多样化。比如，为特定人群设计专属医疗险产品，提供特定的可选责任、推出专属定制服务等。

产品个性化的一个体现是将产品与服务相结合。为不同的人群提供不同的健康管理服务能为被保险人提供更全面、系统的保障，更能量化风险、进行风险分类和合理管控，从而将不可承保的风险变为可承保的。比如，为患病风险人群定期提供定制化的体检服务和慢病管理服务等。

产品个性化另一个重要的发展方向是探索下沉市场，开发保证责任更简单、价格更平民化的大众型、轻量型医疗险产品。中端医疗险产品非常适合作为开拓下沉市场的“敲门砖”，为更多的普通人提供商业医疗险保障。

# 专题报告

# 老年医疗保险产品市场调研报告

## 一、老年医疗保险产品发展背景

2018年年末，中国60岁以上老年人口数量已达2.49亿，占总人口的17.9%。据《中国老龄化与健康国家评估报告》预测，到2040年，中国60岁及以上老年人数量将达4.02亿，占比28%。随着人口老龄化程度加剧，与年龄密切相关的疾病，诸如缺血性心脏病、癌症、脑卒中、关节炎和老年痴呆症等慢性（非传染性）疾病所累及人口的绝对数字将持续增加。人的一生有60%—80%的医疗费用支出发生在60岁以后。老年群体在面临健康风险的同时，也面临着巨大的经济压力。面对日益严峻的老龄化趋势，单纯的社会医疗保险难以覆盖老年人的全部医疗需求，商业保险在老年人健康保障方面将发挥越来越重要的作用。

## 二、老年医疗保险产品开发难度

一般来说，人们进入老年阶段后，收入明显下降，抗风险能力变弱，但是大额医疗费用支出的可能性增加，导致大多数老年人对于医疗保险的需求度较高。然而，老年医疗险产品的开发设计难度较大，造成了市面上相应产品缺口巨大的局面。

老年医疗产品开发困难的根源在于老年人的健康风险难以衡量和控制。随着年龄的增长，人体的免疫力下降，身体各项机能逐渐衰退，健康水平总体呈下降趋势，健康风险显著增加。除了出险概率增加，老年人发生重大疾病（如癌症）的概率也远高于年轻群体，相应的治疗费用、看护成本都很高，赔付金额相应增加。为了有效地控制风险，保险公司设计的产品对老年人的条件大多比较苛刻，主要表现在投保条件严格和产品价格较高。

为了排除高风险的群体，大部分中端医疗险产品可接受的最高投保年龄小于 65 周岁，大多数情况下 60 岁后就难以买到合适的保险产品。这导致高龄老人基本无法获得商业医疗保障，也违背了老年医疗险产品开发的初衷。除了在投保条件上增加限制，核保过程中对于被保险人的筛选也比较严格，这也会筛选掉一部分有投保意愿的人群。

此外，保险公司还通过增加费用来控制风险。为了充分覆盖疾病风险，市场上可供老年人选择的保险产品普遍定价较高，导致产品吸引力低，销量不佳。不仅如此，该类产品可能存在逆选择风险，推动产品价格进一步升高。

严格的准入条件和高昂的价格使得老年医疗保险销售受阻，真正有需求的人却得不到保障。而保险公司也无法通过销售产品获取、更新足够的老年人健康情况数据（如癌症发生率），进一步增加了风险控制的难度，形成恶性循环。

此外，老年医疗险对健康管理服务的要求更高。目前，市场上缺乏较成熟的一体化解决方案。而保险公司在检测老年人健康状况、预防重大疾病等关键节点上的能力严重不足，加剧了老年医疗险产品的开发难度。

综上所述，老年医疗险的开发对风险识别、风险控制以及产品设计都有更高的要求。当前老年险市场仍属于“蓝海”，产品开发及市场开拓都存在很大空间。

## 三、老年医疗保险产品特征分析

### （一）产品简介

老年医疗保险是特指针对60周岁及以上的老年人提供的医疗保险产品。销售方式多为网销渠道或者个险渠道，且消费群体大多数是老年人的子女。

### （二）保险责任

常见的产品形态有以下两种：一种是“一段式”形态，仅涵盖重大疾病或恶性肿瘤医疗保险责任；另一种是“两段式”形态，基础责任一般为重大疾病或恶性肿瘤医疗保险金，保险产品提供体检服务，为身体状况符合标准的老年人免费升级为一般医疗责任，其具体医疗责任与中端医疗险类似。“两段式”老年医疗险产品的大致流程见图 1。

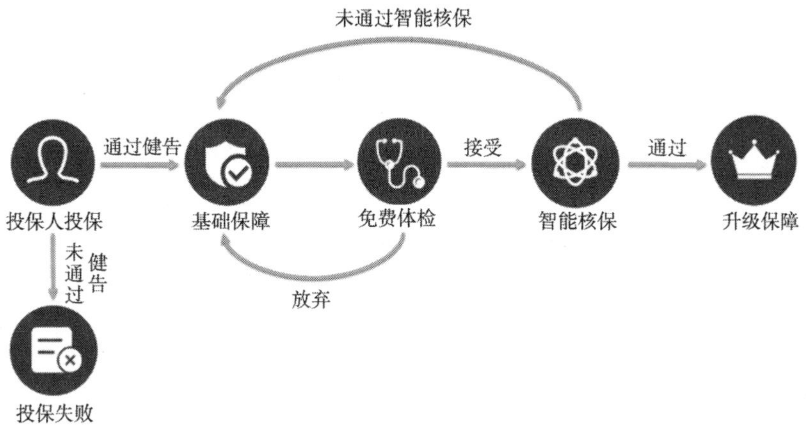


图 1 “两段式”老年医疗险产品流程

由于 2019 年市场上在售的主流老年医疗险产品多为“两段式”形态，本专题报告挑选了 4 款典型该类产品做进一步分析。

## （三）产品基础条款

“两段式”老年医疗险产品的基础条款详见表 1。

表 1 “两段式”老年医疗险产品基础形态

| 基本信息 | |
|---|---|
| 投保年龄 | 45–60 周岁至 80 周岁 |
| 保险期间 | 1 年 |
| 犹豫期 | 10–15 天 |

（续表）

| | |
|---|---|
| 交费期间 | 趸交，月交 |
| 等待期 | 90 天 |
| 适用职业 | 除高危职业 |
| 投保人群 | 部分产品三高、糖尿病人群可投保 |
| 报销范围 | 二级及以上公立医院普通部 |
| 赔付比例 | 已通过社保或公费医疗 100%；未通过社保结算 50% |
| 续保 | 申请续保，需审核同意，整体费率可调；<br>最高续保年龄一般为 100 周岁 |
| **基础保障——恶性肿瘤 / 重大疾病医疗保险责任** | |
| 保额 | 一般为 100 万—300 万元 |
| 免赔额 | 1 万元 / 2 万元 |
| 恶性肿瘤 / 重大疾病医疗费用 | 住院医疗费用：床位费、药品费、膳食费、治疗费、护理费、医生费、检查检验费、手术费等（部分产品含重症监护室床位费、救护车使用费等其他费用） |
| | 特殊门诊医疗费用：<br>① 门诊肾透析费；<br>② 门诊恶性肿瘤治疗费，包括化学疗法、放射疗法、肿瘤免疫疗法、肿瘤内分泌疗法、肿瘤靶向疗法的治疗费用；<br>③ 器官移植后的门诊抗排异治疗费 |
| **升级保障—— 一般医疗保险责任<br>投保后在一定时间内免费预约体检，体检结果为优选体，可免费升级增加该项责任** | |
| 保额 | 一般与基础保障保额相同 |
| 免赔额 | 1 万元 / 2 万元（一般与基础保障共用） |
| 一般医疗费用 | 住院医疗费用：一般与基础保障相同 |
| | 特殊门诊医疗费用：一般与基础保障相同 |

# 四、老年医疗保险产品比较分析

## （一）产品责任

老年医疗险产品除了基础形态外，不同的产品所涵盖的具体保险责任不尽相同。本专题报告选择了 4 款不同的老年医疗险产品进行比较分析，具体责任对比见表 2。

表 2　典型“两段式”老年医疗险产品责任对比

| 一级责任 | 二级责任 | 产品 A | 产品 B | 产品 C | 产品 D |
|---|---|---|---|---|---|
| 基本信息 | 投保年龄 | 61–80 周岁 | 51–80 周岁 | 50–80 周岁 | 46–80 周岁 |
| | 保险期间 | 1 年 | 1 年 | 1 年 | 1 年 |
| | 缴费期间 | 趸交，月交 | 趸交，月交 | 趸交 | 趸交 |
| | 等待期 | 90 天 | 90 天 | 90 天 | 90 天 |
| | 医院范围 | 二级及以上公立医院普通部 | 二级及以上公立医院普通部 | 二级及以上公立医院普通部 | 二级及以上公立医院普通部 |
| | 免赔额 | 2 万元 | 1 万元 | 2 万元 | 1 万元 / 2 万元 |
| | 给付比例 | 已通过社保或公费医疗：100%； | 已通过社保或公费医疗：100%； | 已通过社保或公费医疗：100%； | 已通过社保或公费医疗：100%； |
| | | 未通过社保结算：50% | 未通过社保结算：50% | 未通过社保结算：50% | 未通过社保结算：50% |

（续表）

| 一级责任 | 二级责任 | 产品 A | 产品 B | 产品 C | 产品 D |
| --- | --- | --- | --- | --- | --- |
| | 续保 | 申请续保，需审核同意； | 申请续保，需审核同意； | 申请续保，需审核同意； | 申请续保，需审核同意； |
| | | 重新体检为优选体可继续享受升级一般医疗保障 | 重新体检为优选体可继续享受升级一般医疗保障 | 重新体检为优选体可继续享受升级一般医疗保障 | 重新体检为优选体可继续享受升级一般医疗保障 |
| | | 最高续保至100周岁 | 最高续保至100周岁 | 最高续保至99周岁 | 最高续保至100周岁 |
| 基础保障——重大疾病医疗保险责任 | 重疾限额 | 200万元 | 200万元 | 200万元 | —— |
| | 重疾数量 | 100种 | 25种 | 5种 | —— |
| | 重大疾病住院医疗费用 | 有 | 有 | 有 | —— |
| | 重大疾病特殊门诊医疗费用 | 门诊肾透析，门诊恶性肿瘤化学疗法、放射疗法、肿瘤免疫疗法、肿瘤内分泌疗法、肿瘤靶向疗法，器官移植后的门诊抗排异 | 门诊肾透析，门诊恶性肿瘤化学疗法、放射疗法、肿瘤免疫疗法、肿瘤内分泌疗法、肿瘤靶向疗法，器官移植后的门诊抗排异 | 门诊肾透析，门诊恶性肿瘤化学疗法、放射疗法、肿瘤免疫疗法、肿瘤内分泌疗法、肿瘤靶向疗法，器官移植后的门诊抗排异 | —— |

（续表）

| 一级责任 | 二级责任 | 产品A | 产品B | 产品C | 产品D |
| --- | --- | --- | --- | --- | --- |
| 基础保障——恶性肿瘤医疗保险责任 | 恶性肿瘤限额 | —— | —— | —— | 200万 |
| | 恶性肿瘤住院医疗费用 | —— | —— | —— | 有 |
| | 恶性肿瘤特定门诊费用 | —— | —— | —— | 门诊恶性肿瘤化学疗法、放射疗法、肿瘤免疫疗法、肿瘤内分泌疗法、肿瘤靶向疗法的治疗费用 |
| | 恶性肿瘤范围 | —— | —— | —— | 含：原位癌、白血病、何杰金氏病、皮肤癌、前列腺癌 |
| 基础保障——其他责任 | 其他责任 | —— | —— | 质子重离子医疗费用赔付100% | ①意外事故住院医疗费用、特定门诊费用；②质子重离子医疗费用赔付100% |

（续表）

| 一级责任 | 二级责任 | 产品 A | 产品 B | 产品 C | 产品 D |
| --- | --- | --- | --- | --- | --- |
| 升级保障——一般医疗保险责任 | 一般医疗给付限额 | 200 万元（优选体免费升级） | 200 万元（优选体免费升级） | 200 万元（优选体免费升级，与重疾共享） | 200 万元（优选体免费升级） |
| | 住院给付天数上限 | 180 天 / 年 | 180 天 / 年 | —— | 180 天 / 年 |
| | 住院医疗费用 | 有 | 有 | 有 | 有 |
| | 特殊门诊费用 | 门诊肾透析；门诊恶性肿瘤化学疗法、放射疗法、肿瘤免疫疗法、肿瘤内分泌疗法、肿瘤靶向疗法 | 门诊肾透析；门诊恶性肿瘤化学疗法、放射疗法、肿瘤免疫疗法、肿瘤内分泌疗法、肿瘤靶向疗法；器官移植后的门诊抗排异 | 门诊肾透析；门诊恶性肿瘤化学疗法、放射疗法、肿瘤免疫疗法、肿瘤内分泌疗法、肿瘤靶向疗法；器官移植后的门诊抗排异 | 门诊肾透析；门诊恶性肿瘤化学疗法、放射疗法、肿瘤免疫疗法、肿瘤内分泌疗法、肿瘤靶向疗法；器官移植后的门诊抗排异 |
| 其他责任 | 增值服务 | 免费体检 | 免费体检<br>住院垫付<br>重疾绿色通道 | 免费体检 | 免费体检<br>绿色通道 |
| | 责任的延续 | 住院医疗费用：延续届满后 180 天 | 住院医疗费用：延续届满后 30 天 | 住院医疗费用：延续届满后 30 天 | 住院医疗费用：延续届满后 90 天 |
| 免责 | 免责数量 | 15 条 | 28 条 | 16 条 | 15 条 |

从表2的产品责任对比中可以看出，老年医疗险产品的基本信息大致相同，主要的不同体现在具体责任细节和责任创新上：

产品覆盖的疾病范围差异较大。A、B、C这3款产品基础保障均为重大疾病医疗保险责任。对比发现，3款产品包含的重疾数量有较大差别：产品A包含100种重疾，产品B仅包含2006年《重大疾病保险的疾病定义使用规范》规定的25种发生率较高的重大疾病，产品C则仅包含恶性肿瘤、重大器官移植术或造血干细胞移植术、自体造血干细胞移植术、胰腺移植、小肠移植手术5种特定重疾及手术。

产品责任求同存异。产品D基础保障为恶性肿瘤医疗保险责任，与其他产品的区别点在于在基础保障中增加了意外事故导致的住院医疗费用和特定门诊费用，并包含了质子重离子医疗保险责任。

增值服务同样是亮点之一。选取的4款产品均提供免费体检服务。此外，产品B还提供住院垫付和绿色通道服务。

上述4款产品都含有责任延续保障，到保险期间届满时住院仍未结束的，可以继续提供不同时长的保障，最长可达180天。

## （二）产品费率

上述4款产品60—70周岁的费率对比统计结果见表3。

表 3 典型“两段式”老年医疗险产品费率对比（单位：元）

| 年龄 | 产品 A | 产品 B | 产品 C | 产品 D |
| --- | --- | --- | --- | --- |
| 60 周岁 | —— | 1688 | 1195 | 1274 |
| 65 周岁 | 1488 | 1888 | 1821 | 1529 |
| 70 周岁 | 2388 | 2988 | 2899 | 2420 |

从表 3 中可以看到，基础保障为恶性肿瘤医疗保险责任的产品 D 保费仅略低于其他 3 款产品。在基础保障为重疾责任的 3 款产品中，产品 B 保费略高，主要原因应该在于其免赔额仅为 1 万元，而产品 A 和产品 C 的免赔额均为 2 万元。产品 A 价格明显偏低可能因为其所属公司为小型互联网保险公司，价格策略较其他公司更加激进。

整体而言，可以看出老年医疗险产品价格仍属于探索阶段，当前定价是否能够匹配风险仍待检验。目前，老年医疗险 60—70 周岁的年缴保费在 1000—3000 元区间内。而市场上同年龄段的普通百万医疗险产品费率均值高于老年医疗险，且随着年龄的增长两类产品费率均值差距增大，80 周岁时百万医疗险产品费率已高出老年医疗险费率近千元。两类产品 60—80 周岁的费率均值对比见表 4。

表 4 “两段式”老年医疗险与百万医疗险费率均值对比（1 万免赔，单位：元）

| 年龄 | 老年医疗险费率均值 | 百万医疗险费率均值 | 均值差异 |
| --- | --- | --- | --- |
| 60 周岁 | 1593 | 1596 | 3 |
| 65 周岁 | 1828 | 2294 | 466 |
| 70 周岁 | 2956 | 3293 | 337 |
| 75 周岁 | 3975 | 4449 | 474 |
| 80 周岁 | 4993 | 5933 | 940 |

从统计结果来看，“两段式”老年医疗险总体费率偏低，这是由于两种产品的保险责任设置不尽相同。对于标准体而言，老年医疗险的保障范围只有重疾或癌症，而普通百万医疗险保障范围则更为广泛。

## 五、老年医疗保险产品展望

目前市场上大部分老年医疗险责任设置与开发思路大同小异。表面上看，各公司产品差异并不突出，但究其产品运作中的各个环节，还是有很多值得思考和改进之处。

### （一）以“两段式”模式为主，加强风险控制

未来老年医疗险大概率以“两段式”模式为主，即以“买保险，送体检”的方式，通过对被保险人身体指标的分析来解决因老年群体健康风险大导致保费过高、保险公司难以开发产品的困境。目前来看，运用体检筛查的方式对老年群体的风险进行评估与把控是老年医疗险最有效、最直接的风控方式。当然，随着技术的发展与服务的提升，除体检外，老年险产品在未来将会与更多有效的健康管理服务相结合。

### （二）保险保障与健康管理服务相结合，合理控制风险

老年群体平均健康风险水平高，个体风险差异明显。从降低老年人疾病风险角度入手，可以建立“保险服务 + 健康管理服务”的经营模式。健康管理服务的本质就是尽量将风险降低至保险公司的风控水平范围内，形

成图 2 所示的健康保险闭环，使得老年保险产品得以良好运作。

图 2　健康保险闭环

保险保障与健康管理服务相结合可以帮助老年医疗险打破困局，为老年人群提供健康保障，同时为“健康老龄化”助力。

## （三）保险与科技相结合，推动老年医疗险发展

目前老年医疗险产品的设计仍不完善，在老年医疗险开发的过程中仍存在许多问题，例如人工预约核保是否可以及时并准确的给出核保结论；体检机构提供的体检项目是否真正考虑了老年人的需求；体检报告解读是否可以自动化、精细化；等等。这些问题都需要利用科技的手段解决，比如通过大数据分析自动定价、通过智能核保引擎筛查及时迅速给出核保结论等等。保险与科技相结合是大趋势。建立产品、核保、体检、风控一体化的服务体系，才能更好地完善老年医疗险开发流程，推动老年医疗险市场的快速发展。

# 保险产品月度排行榜

## （2019 年 10 月—2020 年 9 月）

保险产品 2019 年 10 月排行榜（综合榜）

| 序号 | 公司名称 | 产品名称 | 产品评级 |
|---|---|---|---|
| 定期寿险 | | | |
| 1 | 太保寿险 | 爱相守定期寿险 | ★★★★★ |
| 2 | 中信保诚 | 中信保诚「祯爱」优选定期寿险（2019 版） | ★★★★★ |
| 3 | 阳光人寿 | 阳光人寿 i 保定期寿险 | ★★★★★ |
| 4 | 渤海人寿 | 渤海人寿优选智能定期寿险 | ★★★★★ |
| 5 | 爱心人寿 | 爱心人寿守护神定期寿险 | ★★★★★ |
| 终身寿险 | | | |
| 1 | 平安人寿 | 平安福佑一生终身寿险 | ★★★★★ |
| 2 | 太保寿险 | 长相伴 A 款终身寿险 | ★★★★★ |
| 3 | 太平人寿 | 太平美好金生终身寿险 | ★★★★ |
| 4 | 交银康联 | 交银康联交银私享三号终身寿险（传承版 A） | ★★★★ |
| 5 | 太平人寿 | 太平臻爱金生终身寿险 | ★★★★ |
| 重疾定期型 | | | |
| 1 | 光大永明 | 光大永明超级玛丽旗舰版<br>重大疾病保险—基本款—定期 | ★★★★★ |
| 2 | 海保人寿 | 芯爱重大疾病保险—基本款—定期 | ★★★★★ |
| 3 | 阳光人寿 | 健康随 e 保重疾保障计划（2018 版）—定期 | ★★★★ |

（续表）

| 序号 | 公司名称 | 产品名称 | 产品评级 |
|---|---|---|---|
| 4 | 招商仁和 | 招商仁和仁爱相伴重大疾病保险组合计划—定期 | ★★★★ |
| 5 | 复星健康 | 复星联合康乐一生（2019 版）重大疾病保险—基本款—定期 | ★★★★ |
| 重疾终身含身故 | | | |
| 1 | 信泰人寿 | 信泰完美人生守护重大疾病保险 | ★★★★★ |
| 2 | 华夏人寿 | 华夏常青树（多倍 2.0 版）重大疾病保险 | ★★★★ |
| 3 | 华夏人寿 | 华夏福（多倍版）重大疾病保险 | ★★★★ |
| 4 | 复星保德信 | 复星保德信星满意重大疾病保险 | ★★★★ |
| 5 | 泰康人寿 | 泰康乐安心终身重大疾病保险 | ★★★★ |
| 重疾终身无身故 | | | |
| 1 | 光大永明 | 光大永明超级玛丽旗舰版重大疾病保险—基本款—终身 | ★★★★★ |
| 2 | 复星保德信 | 复星保德信星悦重大疾病保险基础计划 | ★★★★★ |
| 3 | 国华人寿 | 国华至尊保重大疾病保险 | ★★★★★ |
| 4 | 海保人寿 | 海保人寿大金刚 C 款重大疾病保险—终身 | ★★★★★ |
| 5 | 国华人寿 | 国华华瑞国民终身重大疾病保险 C 款—基本款 | ★★★★ |

保险产品 2019 年 10 月排行榜（价格榜）

| 序号 | 公司名称 | 产品名称 | 产品评级 |
|---|---|---|---|
| 定期寿险 | | | |
| 1 | 中信保诚 | 中信保诚「祯爱」优选定期寿险（2019 版） | ★★★★★ |
| 2 | 阳光人寿 | 阳光人寿 i 保定期寿险 | ★★★★★ |
| 3 | 渤海人寿 | 渤海人寿优选智能定期寿险 | ★★★★★ |
| 4 | 华贵人寿 | 华贵大麦定期寿险 | ★★★★★ |
| 5 | 招商仁和 | 招商仁和擎天柱 3 号定期寿险 | ★★★★★ |
| 终身寿险 | | | |
| 1 | 华贵人寿 | 华贵守护 e 家终身寿险 | ★★★★★ |

（续表）

| 序号 | 公司名称 | 产品名称 | 产品评级 |
|---|---|---|---|
| 2 | 同方全球 | 同方全球「传世尊享」终身寿险 | ★★★★★ |
| 3 | 弘康人寿 | 弘康弘利年年终身寿险 | ★★★★ |
| 4 | 北大方正 | 如意终身寿险 A 款 | ★★★★ |
| 5 | 横琴人寿 | 横琴优爱宝终身寿险 | ★★★★ |
| | | **重疾定期型** | |
| 1 | 光大永明 | 光大永明超级玛丽旗舰版重大疾病保险—基本款—定期 | ★★★★★ |
| 2 | 海保人寿 | 芯爱重大疾病保险—基本款—定期 | ★★★★★ |
| 3 | 信美人寿 | 信美相互 i 健康多元保疾病保险组合计划—基本款—定期 | ★★★★★ |
| 4 | 复星健康 | 复星联合康乐一生（2019 版）重大疾病保险—基本款—定期 | ★★★★★ |
| 5 | 弘康人寿 | 弘康健康人生重大疾病保险 C 款—定期 | ★★★★★ |
| | | **重疾终身含身故** | |
| 1 | 信泰人寿 | 信泰完美人生守护重大疾病保险 | ★★★★★ |
| 2 | 复星健康 | 复星联合康乐一生（2019 版）重大疾病保险—基本款—终身 | ★★★★ |
| 3 | 百年人寿 | 百年康多保终身重大疾病保险 | ★★★★ |
| 4 | 弘康人寿 | 哆啦 A 保重大疾病保险 | ★★★★ |
| 5 | 华夏人寿 | 华夏常青树（多倍 2.0 版）重大疾病保险 | ★★★★ |
| | | **重疾终身无身故** | |
| 1 | 光大永明 | 光大永明超级玛丽旗舰版重大疾病保险—基本款—终身 | ★★★★★ |
| 2 | 复星保德信 | 复星保德信星悦重大疾病保险基础计划 | ★★★★★ |
| 3 | 海保人寿 | 海保人寿大金刚 C 款重大疾病保险—终身 | ★★★★★ |
| 4 | 百年人寿 | 百年康惠保重大疾病保险 | ★★★★★ |
| 5 | 弘康人寿 | 弘康健康人生重大疾病保险 C 款—终身 | ★★★★★ |

保险产品 2019 年 11 月排行榜（综合榜）

| 序号 | 公司名称 | 产品名称 | 产品评级 |
| --- | --- | --- | --- |
| 定期寿险 | | | |
| 1 | 太保寿险 | 爱相守定期寿险 | ★★★★★ |
| 2 | 中信保诚 | 中信保诚「祯爱」优选定期寿险（2019 版） | ★★★★★ |
| 3 | 阳光人寿 | 阳光人寿 i 保定期寿险 | ★★★★★ |
| 4 | 渤海人寿 | 渤海人寿优选智能定期寿险 | ★★★★★ |
| 5 | 爱心人寿 | 爱心人寿守护神定期寿险 | ★★★★★ |
| 终身寿险 | | | |
| 1 | 平安人寿 | 平安福佑一生终身寿险 | ★★★★★ |
| 2 | 太保寿险 | 长相伴 A 款终身寿险 | ★★★★★ |
| 3 | 太平人寿 | 太平美好金生终身寿险 | ★★★★ |
| 4 | 交银康联 | 交银康联交银私享三号终身寿险（传承版 A） | ★★★★ |
| 5 | 太平人寿 | 太平臻爱金生终身寿险 | ★★★★ |
| 重疾定期型 | | | |
| 1 | 光大永明 | 光大永明超级玛丽旗舰版<br>重大疾病保险—基本款—定期 | ★★★★★ |
| 2 | 海保人寿 | 芯爱重大疾病保险—基本款—定期 | ★★★★★ |
| 3 | 阳光人寿 | 健康随 e 保重疾保障计划（2018 版）—定期 | ★★★★ |
| 4 | 招商仁和 | 招商仁和仁爱相伴重大疾病保险组合计划—定期 | ★★★★ |
| 5 | 复星健康 | 复星联合康乐一生（2019 版）<br>重大疾病保险—基本款—定期 | ★★★★ |
| 重疾终身含身故 | | | |
| 1 | 信泰人寿 | 信泰完美人生守护重大疾病保险 | ★★★★★ |
| 2 | 华夏人寿 | 华夏常青树（多倍 2.0 版）重大疾病保险 | ★★★★ |
| 3 | 华夏人寿 | 华夏福（多倍版）重大疾病保险 | ★★★★ |
| 4 | 复星保德信 | 复星保德信星满意重大疾病保险 | ★★★★ |
| 5 | 泰康人寿 | 泰康乐安心终身重大疾病保险 | ★★★★ |

（续表）

| 序号 | 公司名称 | 产品名称 | 产品评级 |
| --- | --- | --- | --- |
| 重疾终身无身故 | | | |
| 1 | 光大永明 | 光大永明超级玛丽旗舰版<br>重大疾病保险—基本款—终身 | ★★★★★ |
| 2 | 复星保德信 | 复星保德信星悦重大疾病保险基础计划 | ★★★★★ |
| 3 | 国华人寿 | 国华至尊保重大疾病保险 | ★★★★★ |
| 4 | 海保人寿 | 海保人寿大金刚 C 款重大疾病保险—终身 | ★★★★★ |
| 5 | 国华人寿 | 国华华瑞国民终身重大疾病保险 C 款—基本款 | ★★★★ |

保险产品 2019 年 11 月排行榜（价格榜）

| 序号 | 公司名称 | 产品名称 | 产品评级 |
| --- | --- | --- | --- |
| 定期寿险 | | | |
| 1 | 中信保诚 | 中信保诚「祯爱」优选定期寿险（2019 版） | ★★★★★ |
| 2 | 阳光人寿 | 阳光人寿 i 保定期寿险 | ★★★★★ |
| 3 | 渤海人寿 | 渤海人寿优选智能定期寿险 | ★★★★★ |
| 4 | 华贵人寿 | 华贵大麦定期寿险 | ★★★★★ |
| 5 | 招商仁和 | 招商仁和擎天柱 3 号定期寿险 | ★★★★★ |
| 终身寿险 | | | |
| 1 | 华贵人寿 | 华贵守护 e 家终身寿险 | ★★★★★ |
| 2 | 同方全球 | 同方全球「传世尊享」终身寿险 | ★★★★★ |
| 3 | 弘康人寿 | 弘康弘利年年终身寿险 | ★★★★ |
| 4 | 北大方正 | 如意终身寿险 A 款 | ★★★★ |
| 5 | 横琴人寿 | 横琴优爱宝终身寿险 | ★★★★ |
| 重疾定期型 | | | |
| 1 | 光大永明 | 光大永明超级玛丽旗舰版<br>重大疾病保险—基本款—定期 | ★★★★★ |
| 2 | 海保人寿 | 芯爱重大疾病保险—基本款—定期 | ★★★★★ |

（续表）

| 序号 | 公司名称 | 产品名称 | 产品评级 |
|---|---|---|---|
| 3 | 信美人寿 | 信美相互 i 健康多元保疾病保险组合计划—基本款—定期 | ★★★★★ |
| 4 | 复星健康 | 复星联合康乐一生（2019 版）重大疾病保险—基本款—定期 | ★★★★★ |
| 5 | 弘康人寿 | 弘康健康人生重大疾病保险 C 款—定期 | ★★★★★ |
| 重疾终身含身故 | | | |
| 1 | 信泰人寿 | 信泰完美人生守护重大疾病保险 | ★★★★★ |
| 2 | 复星健康 | 复星联合康乐一生（2019 版）重大疾病保险—基本款—终身 | ★★★★ |
| 3 | 百年人寿 | 百年康多保终身重大疾病保险 | ★★★★ |
| 4 | 弘康人寿 | 哆啦 A 保重大疾病保险 | ★★★★ |
| 5 | 华夏人寿 | 华夏常青树（多倍 2.0 版）重大疾病保险 | ★★★★ |
| 重疾终身无身故 | | | |
| 1 | 光大永明 | 光大永明超级玛丽旗舰版重大疾病保险—基本款—终身 | ★★★★★ |
| 2 | 复星保德信 | 复星保德信星悦重大疾病保险基础计划 | ★★★★★ |
| 3 | 海保人寿 | 海保人寿大金刚 C 款重大疾病保险—终身 | ★★★★★ |
| 4 | 百年人寿 | 百年康惠保重大疾病保险 | ★★★★★ |
| 5 | 弘康人寿 | 弘康健康人生重大疾病保险 C 款—终身 | ★★★★★ |

保险产品 2019 年 12 月排行榜（综合榜）

| 序号 | 公司名称 | 产品名称 | 产品评级 |
|---|---|---|---|
| 定期寿险 | | | |
| 1 | 太保寿险 | 爱相守定期寿险 | ★★★★★ |
| 2 | 中信保诚 | 中信保诚「祯爱」优选定期寿险（2019 版） | ★★★★★ |
| 3 | 阳光人寿 | 阳光人寿 i 保定期寿险 | ★★★★★ |

（续表）

| 序号 | 公司名称 | 产品名称 | 产品评级 |
|---|---|---|---|
| 4 | 中信保诚 | 中信保诚「祯爱」增额定期寿险 | ★★★★★ |
| 5 | 渤海人寿 | 渤海人寿优选智能定期寿险 | ★★★★★ |
| 终身寿险 | | | |
| 1 | 平安人寿 | 平安福佑一生终身寿险 | ★★★★★ |
| 2 | 太保寿险 | 长相伴A款终身寿险 | ★★★★★ |
| 3 | 太平人寿 | 太平美好金生终身寿险 | ★★★★★ |
| 4 | 交银康联 | 交银康联交银私享三号终身寿险（传承版A） | ★★★★ |
| 5 | 太平人寿 | 太平臻爱金生终身寿险 | ★★★★ |
| 重疾定期型 | | | |
| 1 | 光大永明 | 光大永明超级玛丽旗舰版<br>重大疾病保险—基本款—定期 | ★★★★★ |
| 2 | 海保人寿 | 芯爱重大疾病保险—基本款—定期 | ★★★★★ |
| 3 | 阳光人寿 | 健康随e保重疾保障计划（2018版）—定期 | ★★★★ |
| 4 | 招商仁和 | 招商仁和仁爱相伴重大疾病保险组合计划—定期 | ★★★★ |
| 5 | 复星健康 | 复星联合康乐一生（2019版）<br>重大疾病保险—基本款—定期 | ★★★★ |
| 重疾终身含身故 | | | |
| 1 | 信泰人寿 | 信泰完美人生守护重大疾病保险 | ★★★★★ |
| 2 | 华夏人寿 | 华夏常青树（多倍2.0版）重大疾病保险 | ★★★★ |
| 3 | 华夏人寿 | 华夏福（多倍版）重大疾病保险 | ★★★★ |
| 4 | 复星保德信 | 复星保德信星满意重大疾病保险 | ★★★★ |
| 5 | 泰康人寿 | 泰康乐安心终身重大疾病保险 | ★★★★ |
| 重疾终身无身故 | | | |
| 1 | 光大永明 | 光大永明超级玛丽旗舰版<br>重大疾病保险—基本款—终身 | ★★★★★ |
| 2 | 复星保德信 | 复星保德信星悦重大疾病保险基础计划 | ★★★★★ |
| 3 | 国华人寿 | 国华至尊保重大疾病保险 | ★★★★★ |

（续表）

| 序号 | 公司名称 | 产品名称 | 产品评级 |
|---|---|---|---|
| 4 | 海保人寿 | 海保人寿大金刚 C 款重大疾病保险—终身 | ★★★★★ |
| 5 | 国华人寿 | 国华华瑞国民终身重大疾病保险 C 款—基本款 | ★★★★ |

保险产品 2019 年 12 月排行榜（价格榜）

| 序号 | 公司名称 | 产品名称 | 产品评级 |
|---|---|---|---|
| 定期寿险 | | | |
| 1 | 中信保诚 | 中信保诚「祯爱」优选定期寿险（2019 版） | ★★★★★ |
| 2 | 阳光人寿 | 阳光人寿 i 保定期寿险 | ★★★★★ |
| 3 | 渤海人寿 | 渤海人寿优选智能定期寿险 | ★★★★★ |
| 4 | 国富人寿 | 国富人寿定海柱 1 号定期寿险 | ★★★★★ |
| 5 | 华贵人寿 | 华贵大麦定期寿险 | ★★★★★ |
| 终身寿险 | | | |
| 1 | 华贵人寿 | 华贵守护 e 家终身寿险 | ★★★★★ |
| 2 | 同方全球 | 同方全球「传世尊享」终身寿险 | ★★★★★ |
| 3 | 弘康人寿 | 弘康弘利年年终身寿险 | ★★★★ |
| 4 | 北大方正 | 如意终身寿险 A 款 | ★★★★ |
| 5 | 横琴人寿 | 横琴优爱宝终身寿险 | ★★★★ |
| 重疾定期型 | | | |
| 1 | 光大永明 | 光大永明超级玛丽旗舰版<br>重大疾病保险—基本款—定期 | ★★★★★ |
| 2 | 海保人寿 | 芯爱重大疾病保险—基本款—定期 | ★★★★★ |
| 3 | 信美人寿 | 信美相互 i 健康多元保疾病保险<br>组合计划—基本款—定期 | ★★★★★ |

（续表）

| 序号 | 公司名称 | 产品名称 | 产品评级 |
|---|---|---|---|
| 4 | 复星健康 | 复星联合康乐一生（2019 版）重大疾病保险—基本款—定期 | ★★★★★ |
| 5 | 弘康人寿 | 弘康健康人生重大疾病保险 C 款—定期 | ★★★★★ |
| 重疾终身含身故 | | | |
| 1 | 弘康人寿 | 弘康臻爱 520 重大疾病保险 | ★★★★★ |
| 2 | 信泰人寿 | 信泰完美人生守护重大疾病保险 | ★★★★★ |
| 3 | 复星健康 | 复星联合康乐一生（2019 版）重大疾病保险—基本款—终身 | ★★★★ |
| 4 | 百年人寿 | 百年康多保终身重大疾病保险 | ★★★★ |
| 5 | 国富人寿 | 国富人寿嘉和保重大疾病保险—含身故—终身 | ★★★★ |
| 重疾终身无身故 | | | |
| 1 | 光大永明 | 光大永明超级玛丽旗舰版重大疾病保险—基本款—终身 | ★★★★★ |
| 2 | 复星保德信 | 复星保德信星悦重大疾病保险基础计划 | ★★★★★ |
| 3 | 海保人寿 | 海保人寿大金刚 C 款重大疾病保险—终身 | ★★★★★ |
| 4 | 百年人寿 | 百年康惠保重大疾病保险 | ★★★★★ |
| 5 | 弘康人寿 | 弘康健康人生重大疾病保险 C 款—终身 | ★★★★★ |

## 保险产品 2020 年 1 月排行榜（综合榜）

| 序号 | 公司名称 | 产品名称 | 产品评级 |
|---|---|---|---|
| 定期寿险 | | | |
| 1 | 太保寿险 | 爱相守定期寿险 | ★★★★★ |
| 2 | 中信保诚 | 中信保诚「祯爱」优选定期寿险（2019 版） | ★★★★★ |
| 3 | 阳光人寿 | 阳光人寿 i 保定期寿险 | ★★★★★ |

（续表）

| 序号 | 公司名称 | 产品名称 | 产品评级 |
|---|---|---|---|
| 4 | 中信保诚 | 中信保诚「祯爱」增额定期寿险 | ★★★★★ |
| 5 | 渤海人寿 | 渤海人寿优选智能定期寿险 | ★★★★★ |
| 终身寿险 | | | |
| 1 | 平安人寿 | 平安福佑一生终身寿险 | ★★★★★ |
| 2 | 太保寿险 | 长相伴 A 款终身寿险 | ★★★★★ |
| 3 | 太平人寿 | 太平美好金生终身寿险 | ★★★★ |
| 4 | 交银康联 | 交银康联交银私享三号终身寿险（传承版 A） | ★★★★ |
| 5 | 太平人寿 | 太平臻爱金生终身寿险 | ★★★★ |
| 重疾定期型 | | | |
| 1 | 光大永明 | 光大永明超级玛丽旗舰版<br>重大疾病保险—基本款—定期 | ★★★★★ |
| 2 | 海保人寿 | 芯爱重大疾病保险—基本款—定期 | ★★★★★ |
| 3 | 阳光人寿 | 健康随 e 保重疾保障计划（2018 版）—定期 | ★★★★ |
| 4 | 招商仁和 | 招商仁和仁爱相伴重大疾病保险组合计划—定期 | ★★★★ |
| 5 | 复星健康 | 复星联合康乐一生（2019 版）<br>重大疾病保险—基本款—定期 | ★★★★ |
| 重疾终身含身故 | | | |
| 1 | 信泰人寿 | 信泰完美人生守护重大疾病保险 | ★★★★★ |
| 2 | 华夏人寿 | 华夏常青树（多倍 2.0 版）重大疾病保险 | ★★★★ |
| 3 | 华夏人寿 | 华夏福（多倍版）重大疾病保险 | ★★★★ |
| 4 | 复星保德信 | 复星保德信星满意重大疾病保险 | ★★★★ |
| 5 | 泰康人寿 | 泰康乐安心终身重大疾病保险 | ★★★★ |
| 重疾终身无身故 | | | |
| 1 | 光大永明 | 光大永明超级玛丽旗舰版<br>重大疾病保险—基本款—终身 | ★★★★★ |
| 2 | 复星保德信 | 复星保德信星悦重大疾病保险基础计划 | ★★★★★ |
| 3 | 国华人寿 | 国华至尊保重大疾病保险 | ★★★★★ |

（续表）

| 序号 | 公司名称 | 产品名称 | 产品评级 |
|---|---|---|---|
| 4 | 海保人寿 | 海保人寿大金刚 C 款重大疾病保险—终身 | ★★★★★ |
| 5 | 国华人寿 | 国华华瑞国民终身重大疾病保险 C 款—基本款 | ★★★★ |

保险产品 2020 年 1 月排行榜（价格榜）

| 序号 | 公司名称 | 产品名称 | 产品评级 |
|---|---|---|---|
| 定期寿险 | | | |
| 1 | 中信保诚 | 中信保诚「祯爱」优选定期寿险（2019 版） | ★★★★★ |
| 2 | 阳光人寿 | 阳光人寿 i 保定期寿险 | ★★★★★ |
| 3 | 渤海人寿 | 渤海人寿优选智能定期寿险 | ★★★★★ |
| 4 | 国富人寿 | 国富人寿定海柱 1 号定期寿险 | ★★★★★ |
| 5 | 华贵人寿 | 华贵大麦定期寿险 | ★★★★★ |
| 终身寿险 | | | |
| 1 | 华贵人寿 | 华贵守护 e 家终身寿险 | ★★★★★ |
| 2 | 信泰人寿 | 信泰锦绣传承终身寿险 | ★★★★★ |
| 3 | 同方全球 | 同方全球「传世尊享」终身寿险 | ★★★★★ |
| 4 | 弘康人寿 | 弘康弘利年年终身寿险 | ★★★★ |
| 5 | 北大方正 | 如意终身寿险 A 款 | ★★★★ |
| 重疾定期型 | | | |
| 1 | 光大永明 | 光大永明超级玛丽旗舰版<br>重大疾病保险—基本款—定期 | ★★★★★ |
| 2 | 海保人寿 | 芯爱重大疾病保险—基本款—定期 | ★★★★★ |
| 3 | 信美人寿 | 信美相互 i 健康多元保疾病保险<br>组合计划—基本款—定期 | ★★★★★ |

（续表）

| 序号 | 公司名称 | 产品名称 | 产品评级 |
|---|---|---|---|
| 4 | 复星健康 | 复星联合康乐一生（2019 版）<br>重大疾病保险—基本款—定期 | ★★★★★ |
| 5 | 弘康人寿 | 弘康健康人生重大疾病保险 C 款—定期 | ★★★★★ |
| 重疾终身含身故 | | | |
| 1 | 弘康人寿 | 弘康臻爱 520 重大疾病保险 | ★★★★★ |
| 2 | 信泰人寿 | 信泰完美人生守护重大疾病保险 | ★★★★★ |
| 3 | 复星健康 | 复星联合康乐一生（2019 版）<br>重大疾病保险—基本款—终身 | ★★★★ |
| 4 | 百年人寿 | 百年康多保终身重大疾病保险 | ★★★★ |
| 5 | 国富人寿 | 国富人寿嘉和保重大疾病保险—含身故—终身 | ★★★★ |
| 重疾终身无身故 | | | |
| 1 | 光大永明 | 光大永明超级玛丽旗舰版<br>重大疾病保险—基本款—终身 | ★★★★★ |
| 2 | 复星保德信 | 复星保德信星悦重大疾病保险基础计划 | ★★★★★ |
| 3 | 海保人寿 | 海保人寿大金刚 C 款重大疾病保险—终身 | ★★★★★ |
| 4 | 百年人寿 | 百年康惠保重大疾病保险 | ★★★★★ |
| 5 | 弘康人寿 | 弘康健康人生重大疾病保险 C 款—终身 | ★★★★★ |

保险产品 2020 年 2 月排行榜（综合榜）

| 序号 | 公司名称 | 产品名称 | 产品评级 |
|---|---|---|---|
| 定期寿险 | | | |
| 1 | 太保寿险 | 爱相守定期寿险 | ★★★★★ |
| 2 | 中信保诚 | 中信保诚「祯爱」优选定期寿险（2019 版） | ★★★★★ |
| 3 | 阳光人寿 | 阳光人寿 i 保定期寿险 | ★★★★★ |

（续表）

| 序号 | 公司名称 | 产品名称 | 产品评级 |
|---|---|---|---|
| 4 | 中信保诚 | 中信保诚「祯爱」增额定期寿险 | ★★★★★ |
| 5 | 中荷人寿 | 中荷简爱定期寿险 | ★★★★★ |
| 终身寿险 | | | |
| 1 | 平安人寿 | 平安福佑一生终身寿险 | ★★★★★ |
| 2 | 太保寿险 | 长相伴 A 款终身寿险 | ★★★★★ |
| 3 | 太平人寿 | 太平美好金生终身寿险 | ★★★★ |
| 4 | 交银康联 | 交银康联交银私享三号终身寿险（传承版 A） | ★★★★ |
| 5 | 太平人寿 | 太平臻爱金生终身寿险 | ★★★★ |
| 重疾定期型 | | | |
| 1 | 光大永明 | 光大永明超级玛丽旗舰版<br>重大疾病保险—基本款—定期 | ★★★★★ |
| 2 | 海保人寿 | 芯爱重大疾病保险—基本款—定期 | ★★★★ |
| 3 | 阳光人寿 | 健康随 e 保重疾保障计划（2018 版）—定期 | ★★★★ |
| 4 | 招商仁和 | 招商仁和仁爱相伴重大疾病保险组合计划—定期 | ★★★★ |
| 5 | 复星健康 | 复星联合康乐一生（2019 版）<br>重大疾病保险—基本款—定期 | ★★★★ |
| 重疾终身含身故 | | | |
| 1 | 信泰人寿 | 信泰完美人生守护重大疾病保险 | ★★★★ |
| 2 | 华夏人寿 | 华夏常青树（多倍 2.0 版）重大疾病保险 | ★★★★ |
| 3 | 华夏人寿 | 华夏福（多倍版）重大疾病保险 | ★★★★ |
| 4 | 复星保德信 | 复星保德信星满意重大疾病保险 | ★★★★ |
| 5 | 泰康人寿 | 泰康乐安心终身重大疾病保险 | ★★★★ |
| 重疾终身无身故 | | | |
| 1 | 光大永明 | 光大永明超级玛丽旗舰版<br>重大疾病保险—基本款—终身 | ★★★★★ |
| 2 | 复星保德信 | 复星保德信星悦重大疾病保险基础计划 | ★★★★★ |
| 3 | 国华人寿 | 国华至尊保重大疾病保险 | ★★★★ |

（续表）

| 序号 | 公司名称 | 产品名称 | 产品评级 |
|---|---|---|---|
| 4 | 海保人寿 | 海保人寿大金刚C款重大疾病保险—终身 | ★★★★ |
| 5 | 国华人寿 | 国华华瑞国民终身重大疾病保险C款—基本款 | ★★★★ |

保险产品2020年2月排行榜（价格榜）

| 序号 | 公司名称 | 产品名称 | 产品评级 |
|---|---|---|---|
| 定期寿险 | | | |
| 1 | 中信保诚 | 中信保诚「祯爱」优选定期寿险（2019版） | ★★★★★ |
| 2 | 阳光人寿 | 阳光人寿i保定期寿险 | ★★★★★ |
| 3 | 渤海人寿 | 渤海人寿优选智能定期寿险 | ★★★★★ |
| 4 | 国富人寿 | 国富人寿定海柱1号定期寿险 | ★★★★★ |
| 5 | 华贵人寿 | 华贵大麦定期寿险 | ★★★★★ |
| 终身寿险 | | | |
| 1 | 华贵人寿 | 华贵守护e家终身寿险 | ★★★★★ |
| 2 | 信泰人寿 | 信泰锦绣传承终身寿险 | ★★★★★ |
| 3 | 同方全球 | 同方全球「传世尊享」终身寿险 | ★★★★★ |
| 4 | 恒大人寿 | 恒大万年寿尊享版终身寿险 | ★★★★ |
| 5 | 弘康人寿 | 弘康弘利年年终身寿险 | ★★★★ |
| 重疾定期型 | | | |
| 1 | 光大永明 | 光大永明超级玛丽旗舰版<br>重大疾病保险—基本款—定期 | ★★★★★ |
| 2 | 海保人寿 | 芯爱重大疾病保险—基本款—定期 | ★★★★★ |
| 3 | 信美人寿 | 信美相互i健康多元保疾病保险<br>组合计划—基本款—定期 | ★★★★★ |

（续表）

| 序号 | 公司名称 | 产品名称 | 产品评级 |
|---|---|---|---|
| 4 | 复星健康 | 复星联合康乐一生（2019 版）重大疾病保险—基本款—定期 | ★★★★★ |
| 5 | 弘康人寿 | 弘康健康人生重大疾病保险 C 款—定期 | ★★★★★ |
| 重疾终身含身故 | | | |
| 1 | 弘康人寿 | 弘康臻爱 520 重大疾病保险 | ★★★★★ |
| 2 | 信泰人寿 | 信泰完美人生守护重大疾病保险 | ★★★★★ |
| 3 | 复星健康 | 复星联合康乐一生（2019 版）重大疾病保险—基本款—终身 | ★★★★ |
| 4 | 百年人寿 | 百年康多保终身重大疾病保险 | ★★★★ |
| 5 | 国富人寿 | 国富人寿嘉和保重大疾病保险—含身故—终身 | ★★★★ |
| 重疾终身无身故 | | | |
| 1 | 光大永明 | 光大永明超级玛丽旗舰版重大疾病保险—基本款—终身 | ★★★★★ |
| 2 | 复星保德信 | 复星保德信星悦重大疾病保险基础计划 | ★★★★★ |
| 3 | 海保人寿 | 海保人寿大金刚 C 款重大疾病保险—终身 | ★★★★★ |
| 4 | 百年人寿 | 百年康惠保重大疾病保险 | ★★★★★ |
| 5 | 弘康人寿 | 弘康健康人生重大疾病保险 C 款—终身 | ★★★★★ |

## 保险产品 2020 年 3 月排行榜（综合榜）

| 序号 | 公司名称 | 产品名称 | 产品评级 |
|---|---|---|---|
| 定期寿险 | | | |
| 1 | 太保寿险 | 爱相守定期寿险 | ★★★★★ |
| 2 | 中信保诚 | 中信保诚「祯爱」优选定期寿险（2019 版） | ★★★★★ |

（续表）

| 序号 | 公司名称 | 产品名称 | 产品评级 |
|---|---|---|---|
| 3 | 阳光人寿 | 阳光人寿 i 保定期寿险 | ★★★★★ |
| 4 | 中信保诚 | 中信保诚「祯爱」增额定期寿险 | ★★★★★ |
| 5 | 渤海人寿 | 渤海人寿优选智能定期寿险 | ★★★★★ |
| | | **终身寿险** | |
| 1 | 平安人寿 | 平安福佑一生终身寿险 | ★★★★★ |
| 2 | 太保寿险 | 长相伴 A 款终身寿险 | ★★★★★ |
| 3 | 太平人寿 | 太平美好金生终身寿险 | ★★★★ |
| 4 | 信泰人寿 | 信泰锦绣传承终身寿险 | ★★★★ |
| 5 | 太平人寿 | 太平臻爱金生终身寿险 | ★★★★ |
| | | **重疾定期型** | |
| 1 | 光大永明 | 光大永明超级玛丽旗舰版重大疾病保险—定期 | ★★★★★ |
| 2 | 海保人寿 | 芯爱重大疾病保险—定期 | ★★★★★ |
| 3 | 阳光人寿 | 健康随 e 保重疾保障计划（2018 版）—定期 | ★★★★ |
| 4 | 招商仁和 | 招商仁和仁爱相伴重大疾病保险组合计划—定期 | ★★★★ |
| 5 | 复星健康 | 复星联合康乐一生（2019 版）重大疾病保险—定期 | ★★★★ |
| | | **重疾终身含身故** | |
| 1 | 信泰人寿 | 信泰完美人生守护重大疾病保险 | ★★★★★ |
| 2 | 弘康人寿 | 弘康臻爱 520 重大疾病保险 | ★★★★★ |
| 3 | 华夏人寿 | 华夏常青树（多倍 2.0 版）重大疾病保险 | ★★★★★ |
| 4 | 华夏人寿 | 华夏福（多倍版）重大疾病保险 | ★★★★ |
| 5 | 泰康养老 | 泰康养老健康有约保障计划 2018 | ★★★★ |

（续表）

| 序号 | 公司名称 | 产品名称 | 产品评级 |
| --- | --- | --- | --- |
| 重疾终身无身故 | | | |
| 1 | 光大永明 | 光大永明超级玛丽旗舰版<br>重大疾病保险—无身故—终身 | ★★★★★ |
| 2 | 复星保德信 | 复星保德信星悦重大疾病保险—基础计划 | ★★★★★ |
| 3 | 昆仑健康 | 守卫者 3 号重大疾病保险—无身故—终身 | ★★★★★ |
| 4 | 海保人寿 | 海保人寿大金刚 C 款重大疾病保险—终身 | ★★★★★ |
| 5 | 国华人寿 | 国华至尊保重大疾病保险 | ★★★★★ |

保险产品 2020 年 3 月排行榜（价格榜）

| 序号 | 公司名称 | 产品名称 | 产品评级 |
| --- | --- | --- | --- |
| 定期寿险 | | | |
| 1 | 中信保诚 | 中信保诚「祯爱」优选定期寿险（2019 版） | ★★★★★ |
| 2 | 阳光人寿 | 阳光人寿 i 保定期寿险 | ★★★★★ |
| 3 | 渤海人寿 | 渤海人寿优选智能定期寿险 | ★★★★★ |
| 4 | 弘康人寿 | 弘康大白智能定期寿险 | ★★★★★ |
| 5 | 华贵人寿 | 华贵大麦定期寿险 | ★★★★★ |
| 终身寿险 | | | |
| 1 | 华贵人寿 | 华贵守护 e 家终身寿险 | ★★★★★ |
| 2 | 信泰人寿 | 信泰锦绣传承终身寿险 | ★★★★★ |
| 3 | 同方全球 | 同方全球「传世尊享」终身寿险 | ★★★★★ |
| 4 | 恒大人寿 | 恒大万年寿尊享版终身寿险 | ★★★★ |
| 5 | 弘康人寿 | 弘康弘利年年终身寿险 | ★★★★ |

（续表）

| 序号 | 公司名称 | 产品名称 | 产品评级 |
|---|---|---|---|
| 重疾定期型 | | | |
| 1 | 光大永明 | 光大永明超级玛丽旗舰版重大疾病保险—定期 | ★★★★★ |
| 2 | 海保人寿 | 芯爱重大疾病保险—定期 | ★★★★★ |
| 3 | 信美人寿 | 信美相互 i 健康多元保疾病保险—定期 | ★★★★★ |
| 4 | 复星健康 | 复星联合康乐一生（2019 版）重大疾病保险—定期 | ★★★★★ |
| 5 | 弘康人寿 | 弘康健康人生重大疾病保险 C 款—定期 | ★★★★★ |
| 重疾终身含身故 | | | |
| 1 | 弘康人寿 | 弘康臻爱 520 重大疾病保险 | ★★★★★ |
| 2 | 信泰人寿 | 信泰完美人生守护重大疾病保险 | ★★★★★ |
| 3 | 复星健康 | 复星联合康乐一生（2019 版）重大疾病保险—终身 | ★★★★★ |
| 4 | 百年人寿 | 百年康多保终身重大疾病保险—2018 版 | ★★★★ |
| 5 | 国富人寿 | 国富人寿嘉和保重大疾病保险—含身故—终身 | ★★★★ |
| 重疾终身无身故 | | | |
| 1 | 光大永明 | 光大永明超级玛丽旗舰版重大疾病保险—无身故—终身 | ★★★★★ |
| 2 | 复星保德信 | 复星保德信星悦重大疾病保险—基础计划 | ★★★★★ |
| 3 | 昆仑健康 | 守卫者 3 号重大疾病保险—无身故—终身 | ★★★★★ |
| 4 | 海保人寿 | 海保人寿大金刚 C 款重大疾病保险—终身 | ★★★★★ |
| 5 | 百年人寿 | 百年康惠保重大疾病保险 | ★★★★★ |

### 保险产品 2020 年 4 月排行榜（综合榜）

| 序号 | 公司名称 | 产品名称 | 产品评级 |
| --- | --- | --- | --- |
| 定期寿险 | | | |
| 1 | 太保寿险 | 爱相守定期寿险 | ★★★★★ |
| 2 | 中信保诚 | 中信保诚「祯爱」优选定期寿险（2019 版） | ★★★★★ |
| 3 | 阳光人寿 | 阳光人寿 i 保定期寿险 | ★★★★★ |
| 4 | 中信保诚 | 中信保诚「祯爱」增额定期寿险 | ★★★★★ |
| 5 | 渤海人寿 | 渤海人寿优选智能定期寿险 | ★★★★★ |
| 终身寿险 | | | |
| 1 | 平安人寿 | 平安福佑一生终身寿险 | ★★★★★ |
| 2 | 太保寿险 | 长相伴 A 款终身寿险 | ★★★★★ |
| 3 | 太平人寿 | 太平美好金生终身寿险 | ★★★★★ |
| 4 | 太平人寿 | 太平臻爱金生终身寿险 | ★★★★★ |
| 5 | 太保寿险 | 金福人生终身寿险 | ★★★★ |
| 重疾定期型 | | | |
| 1 | 光大永明 | 光大永明超级玛丽旗舰版重大疾病保险—定期 | ★★★★★ |
| 2 | 三峡人寿 | 三峡福倍倍保重大疾病保险—定期 | ★★★★ |
| 3 | 阳光人寿 | 健康随 e 保重疾保障计划（2018 版）—定期 | ★★★★ |
| 4 | 海保人寿 | 芯爱重大疾病保险—定期 | ★★★★ |
| 5 | 招商仁和 | 招商仁和仁爱相伴重大疾病保险组合计划—定期 | ★★★ |
| 重疾终身含身故 | | | |
| 1 | 信泰人寿 | 信泰完美人生守护重大疾病保险 | ★★★★ |
| 2 | 华夏人寿 | 常青树（多倍 2.0 版）重大疾病保险—2019 版 | ★★★★ |
| 3 | 华夏人寿 | 华夏福（多倍版）重大疾病保险 | ★★★★ |
| 4 | 太平人寿 | 太平金生康瑞终身重大疾病保险 | ★★★★ |

（续表）

| 序号 | 公司名称 | 产品名称 | 产品评级 |
|---|---|---|---|
| 5 | 弘康人寿 | 弘康臻爱 520 重大疾病保险 | ★★★★ |
| 重疾终身无身故 | | | |
| 1 | 光大永明 | 光大永明超级玛丽旗舰版<br>重大疾病保险—无身故—终身 | ★★★★★ |
| 2 | 国华人寿 | 国华华瑞国民终身重大疾病保险 | ★★★★ |
| 3 | 昆仑健康 | 守卫者 3 号重大疾病保险—无身故—终身 | ★★★★ |
| 4 | 阳光人寿 | 健康随 e 保重疾保障计划（2018 版）—终身 | ★★★★ |
| 5 | 复星保德信 | 复星保德信星悦重大疾病保险—基础计划 | ★★★★ |

保险产品 2020 年 4 月排行榜（价格榜）

| 序号 | 公司名称 | 产品名称 | 产品评级 |
|---|---|---|---|
| 定期寿险 | | | |
| 1 | 中信保诚 | 中信保诚「祯爱」优选定期寿险（2019 版） | ★★★★★ |
| 2 | 阳光人寿 | 阳光人寿 i 保定期寿险 | ★★★★★ |
| 3 | 渤海人寿 | 渤海人寿优选智能定期寿险 | ★★★★★ |
| 4 | 国富人寿 | 国富人寿定海柱 1 号定期寿险 | ★★★★★ |
| 5 | 华贵人寿 | 华贵大麦定期寿险 | ★★★★★ |
| 终身寿险 | | | |
| 1 | 华贵人寿 | 华贵守护 e 家终身寿险 | ★★★★★ |
| 2 | 信泰人寿 | 信泰锦绣传承终身寿险 | ★★★★ |
| 3 | 同方全球 | 同方全球「传世尊享」终身寿险 | ★★★★ |
| 4 | 恒大人寿 | 恒大万年寿尊享版终身寿险 | ★★★★ |
| 5 | 弘康人寿 | 弘康弘利年年终身寿险 | ★★★★ |

（续表）

| 序号 | 公司名称 | 产品名称 | 产品评级 |
| --- | --- | --- | --- |
| 重疾定期型 | | | |
| 1 | 光大永明 | 光大永明超级玛丽旗舰版重大疾病保险—定期 | ★★★★★ |
| 2 | 三峡人寿 | 三峡福倍倍保重大疾病保险—定期 | ★★★★★ |
| 3 | 海保人寿 | 芯爱重大疾病保险—定期 | ★★★★★ |
| 4 | 信美人寿 | 信美相互 i 健康多元保疾病保险—定期 | ★★★★★ |
| 5 | 弘康人寿 | 弘康健康人生重大疾病保险 C 款—定期 | ★★★★ |
| 重疾终身含身故 | | | |
| 1 | 弘康人寿 | 弘康臻爱 520 重大疾病保险 | ★★★★★ |
| 2 | 三峡人寿 | 三峡福倍倍保重大疾病保险—含身故—终身 | ★★★★★ |
| 3 | 信泰人寿 | 信泰完美人生守护重大疾病保险 | ★★★★★ |
| 4 | 国富人寿 | 国富人寿嘉和保重大疾病保险—含身故—终身 | ★★★★ |
| 5 | 弘康人寿 | 哆啦 A 保重大疾病保险 | ★★★★ |
| 重疾终身无身故 | | | |
| 1 | 光大永明 | 光大永明超级玛丽旗舰版<br>重大疾病保险—无身故—终身 | ★★★★★ |
| 2 | 昆仑健康 | 守卫者 3 号重大疾病保险—无身故—终身 | ★★★★★ |
| 3 | 复星保德信 | 复星保德信星悦重大疾病保险—基础计划 | ★★★★★ |
| 4 | 三峡人寿 | 三峡福倍倍保重大疾病保险—无身故—终身 | ★★★★★ |
| 5 | 海保人寿 | 海保人寿大金刚 C 款重大疾病保险—终身 | ★★★★★ |

保险产品 2020 年 5 月排行榜（综合榜）

| 序号 | 公司名称 | 产品名称 | 产品评级 |
|---|---|---|---|
| 定期寿险 | | | |
| 1 | 太保寿险 | 爱相守定期寿险 | ★★★★★ |
| 2 | 中信保诚 | 中信保诚「祯爱」优选定期寿险（2019 版） | ★★★★★ |
| 3 | 阳光人寿 | 阳光人寿 i 保定期寿险 | ★★★★★ |
| 4 | 中信保诚 | 中信保诚「祯爱」增额定期寿险 | ★★★★★ |
| 5 | 渤海人寿 | 渤海人寿优选智能定期寿险 | ★★★★★ |
| 终身寿险 | | | |
| 1 | 太平人寿 | 太平耀世金生终身寿险 | ★★★★★ |
| 2 | 平安人寿 | 平安福佑一生终身寿险 | ★★★★★ |
| 3 | 中荷人寿 | 中荷传家保终身寿险 | ★★★★★ |
| 4 | 太保寿险 | 长相伴 A 款终身寿险 | ★★★★★ |
| 5 | 阳光人寿 | 阳光人寿臻爱倍致终身寿险 | ★★★★★ |
| 重疾定期型 | | | |
| 1 | 光大永明 | 光大永明超级玛丽旗舰版重大疾病保险—定期 | ★★★★★ |
| 2 | 昆仑健康 | 守卫者 3 号重大疾病保险—定期 | ★★★★ |
| 3 | 三峡人寿 | 三峡福倍倍保重大疾病保险—定期 | ★★★★ |
| 4 | 阳光人寿 | 健康随 e 保重疾保障计划（2018 版）—定期 | ★★★★ |
| 5 | 海保人寿 | 芯爱重大疾病保险—定期 | ★★★★ |
| 重疾终身含身故 | | | |
| 1 | 信泰人寿 | 信泰完美人生守护重大疾病保险 | ★★★★ |
| 2 | 华夏人寿 | 常青树（多倍 2.0 版）重大疾病保险—2019 版 | ★★★★ |
| 3 | 华夏人寿 | 华夏福（多倍版）重大疾病保险 | ★★★★ |
| 4 | 太平人寿 | 太平金生康瑞终身重大疾病保险 | ★★★★ |

（续表）

| 序号 | 公司名称 | 产品名称 | 产品评级 |
|---|---|---|---|
| 5 | 弘康人寿 | 弘康臻爱 520 重大疾病保险 | ★★★★ |
| | | 重疾终身无身故 | |
| 1 | 光大永明 | 光大永明超级玛丽旗舰版<br>重大疾病保险—无身故—终身 | ★★★★★ |
| 2 | 国华人寿 | 国华华瑞国民终身重大疾病保险 | ★★★★ |
| 3 | 昆仑健康 | 守卫者 3 号重大疾病保险—无身故—终身 | ★★★★ |
| 4 | 阳光人寿 | 健康随 e 保重疾保障计划（2018 版）—终身 | ★★★★ |
| 5 | 复星保德信 | 复星保德信星悦重大疾病保险—基础计划 | ★★★★ |

保险产品 2020 年 5 月排行榜（价格榜）

| 序号 | 公司名称 | 产品名称 | 产品评级 |
|---|---|---|---|
| | | 定期寿险 | |
| 1 | 中信保诚 | 中信保诚「祯爱」优选定期寿险（2019 版） | ★★★★★ |
| 2 | 阳光人寿 | 阳光人寿 i 保定期寿险 | ★★★★★ |
| 3 | 渤海人寿 | 渤海人寿优选智能定期寿险 | ★★★★★ |
| 4 | 国富人寿 | 国富人寿定海柱 1 号定期寿险 | ★★★★★ |
| 5 | 华贵人寿 | 华贵大麦定期寿险 | ★★★★★ |
| | | 终身寿险 | |
| 1 | 中荷人寿 | 中荷传家保终身寿险 | ★★★★★ |
| 2 | 中邮人寿 | 中邮年年好邮保一生终身寿险 | ★★★★★ |
| 3 | 华贵人寿 | 华贵守护 e 家终身寿险 | ★★★★★ |
| 4 | 信泰人寿 | 信泰锦绣传承终身寿险 | ★★★★ |
| 5 | 同方全球 | 同方全球「传世尊享」终身寿险 | ★★★★ |

（续表）

| 序号 | 公司名称 | 产品名称 | 产品评级 |
|---|---|---|---|
| 重疾定期型 | | | |
| 1 | 光大永明 | 光大永明超级玛丽旗舰版重大疾病保险—定期 | ★★★★★ |
| 2 | 三峡人寿 | 三峡福倍倍保重大疾病保险—定期 | ★★★★★ |
| 3 | 横琴人寿 | 横琴无忧人生 2020 重大疾病保险—定期 | ★★★★★ |
| 4 | 昆仑健康 | 守卫者 3 号重大疾病保险—定期 | ★★★★★ |
| 5 | 海保人寿 | 芯爱重大疾病保险—定期 | ★★★★★ |
| 重疾终身含身故 | | | |
| 1 | 横琴人寿 | 横琴无忧人生 2020 重大疾病保险—含身故—终身 | ★★★★★ |
| 2 | 弘康人寿 | 弘康臻爱 520 重大疾病保险 | ★★★★★ |
| 3 | 三峡人寿 | 三峡福倍倍保重大疾病保险—含身故—终身 | ★★★★★ |
| 4 | 信泰人寿 | 信泰完美人生守护重大疾病保险 | ★★★★★ |
| 5 | 弘康人寿 | 哆啦 A 保重大疾病保险 | ★★★★ |
| 重疾终身无身故 | | | |
| 1 | 光大永明 | 光大永明超级玛丽旗舰版<br>重大疾病保险—无身故—终身 | ★★★★★ |
| 2 | 昆仑健康 | 守卫者 3 号重大疾病保险—无身故—终身 | ★★★★★ |
| 3 | 复星保德信 | 复星保德信星悦重大疾病保险—基础计划 | ★★★★★ |
| 4 | 三峡人寿 | 三峡福倍倍保重大疾病保险—无身故—终身 | ★★★★★ |
| 5 | 海保人寿 | 海保人寿大金刚 C 款重大疾病保险—终身 | ★★★★★ |

## 保险产品 2020 年 6 月排行榜（综合榜）

| 序号 | 公司名称 | 产品名称 | 产品评级 |
|---|---|---|---|
| | | 定期寿险 | |
| 1 | 太保寿险 | 爱相守定期寿险 | ★★★★★ |
| 2 | 中信保诚 | 中信保诚「祯爱」优选定期寿险（2019 版） | ★★★★★ |
| 3 | 阳光人寿 | 阳光人寿 i 保定期寿险 | ★★★★★ |
| 4 | 中信保诚 | 中信保诚「祯爱」增额定期寿险 | ★★★★★ |
| 5 | 渤海人寿 | 渤海人寿优选智能定期寿险 | ★★★★★ |
| | | 终身寿险 | |
| 1 | 太平人寿 | 太平耀世金生终身寿险 | ★★★★★ |
| 2 | 平安人寿 | 平安福佑一生终身寿险 | ★★★★★ |
| 3 | 中荷人寿 | 中荷传家保终身寿险 | ★★★★★ |
| 4 | 太保寿险 | 长相伴 A 款终身寿险 | ★★★★★ |
| 5 | 阳光人寿 | 阳光人寿臻爱倍致终身寿险 | ★★★★★ |
| | | 重疾定期型 | |
| 1 | 光大永明 | 光大永明超级玛丽旗舰版重大疾病保险—定期 | ★★★★★ |
| 2 | 昆仑健康 | 守卫者 3 号重大疾病保险—定期 | ★★★★★ |
| 3 | 三峡人寿 | 三峡福倍倍保重大疾病保险—定期 | ★★★★★ |
| 4 | 阳光人寿 | 健康随 e 保重疾保障计划（2018 版）—定期 | ★★★★ |
| 5 | 三峡人寿 | 钢铁战士 1 号重大疾病保险—定期 | ★★★★ |
| | | 重疾终身含身故 | |
| 1 | 恒大人寿 | 恒大恒家保终身重大疾病保险 | ★★★★★ |
| 2 | 华夏人寿 | 常青树（多倍 2.0 版）重大疾病保险—2019 版 | ★★★★★ |
| 3 | 华夏人寿 | 华夏福（多倍版）重大疾病保险 | ★★★★ |
| 4 | 太平人寿 | 太平金生康瑞终身重大疾病保险 | ★★★★ |

（续表）

| 序号 | 公司名称 | 产品名称 | 产品评级 |
|---|---|---|---|
| 5 | 弘康人寿 | 弘康臻爱520重大疾病保险 | ★★★★ |
| 重疾终身无身故 | | | |
| 1 | 光大永明 | 光大永明超级玛丽旗舰版重大疾病保险—无身故—终身 | ★★★★★ |
| 2 | 国华人寿 | 国华华瑞国民终身重大疾病保险 | ★★★★★ |
| 3 | 昆仑健康 | 守卫者3号重大疾病保险—无身故—终身 | ★★★★★ |
| 4 | 阳光人寿 | 健康随e保重疾保障计划（2018版）—终身 | ★★★★★ |
| 5 | 复星保德信 | 复星保德信星悦重大疾病保险—基础计划 | ★★★★★ |

保险产品2020年6月排行榜（价格榜）

| 序号 | 公司名称 | 产品名称 | 产品评级 |
|---|---|---|---|
| 定期寿险 | | | |
| 1 | 中信保诚 | 中信保诚「祯爱」优选定期寿险（2019版） | ★★★★★ |
| 2 | 阳光人寿 | 阳光人寿i保定期寿险 | ★★★★★ |
| 3 | 渤海人寿 | 渤海人寿优选智能定期寿险 | ★★★★★ |
| 4 | 国富人寿 | 国富人寿定海柱1号定期寿险 | ★★★★★ |
| 5 | 华贵人寿 | 华贵大麦定期寿险 | ★★★★★ |
| 终身寿险 | | | |
| 1 | 中荷人寿 | 中荷传家保终身寿险 | ★★★★★ |
| 2 | 中邮人寿 | 中邮年年好邮保一生终身寿险 | ★★★★ |
| 3 | 华贵人寿 | 华贵守护e家终身寿险 | ★★★★ |
| 4 | 信泰人寿 | 信泰锦绣传承终身寿险 | ★★★★ |
| 5 | 同方全球 | 同方全球「传世尊享」终身寿险 | ★★★★ |

（续表）

| 序号 | 公司名称 | 产品名称 | 产品评级 |
|---|---|---|---|
| **重疾定期型** | | | |
| 1 | 光大永明 | 光大永明超级玛丽旗舰版重大疾病保险—定期 | ★★★★★ |
| 2 | 三峡人寿 | 三峡福倍倍保重大疾病保险—定期 | ★★★★★ |
| 3 | 三峡人寿 | 钢铁战士1号重大疾病保险—定期 | ★★★★★ |
| 4 | 横琴人寿 | 横琴无忧人生2020重大疾病保险—定期 | ★★★★★ |
| 5 | 昆仑健康 | 守卫者3号重大疾病保险—定期 | ★★★★★ |
| **重疾终身含身故** | | | |
| 1 | 横琴人寿 | 横琴无忧人生2020重大疾病保险—含身故—终身 | ★★★★★ |
| 2 | 恒大人寿 | 恒大恒家保终身重大疾病保险 | ★★★★★ |
| 3 | 弘康人寿 | 弘康臻爱520重大疾病保险 | ★★★★★ |
| 4 | 三峡人寿 | 钢铁战士1号重大疾病保险—含身故—终身 | ★★★★★ |
| 5 | 三峡人寿 | 三峡福倍倍保重大疾病保险—含身故—终身 | ★★★★★ |
| **重疾终身无身故** | | | |
| 1 | 光大永明 | 光大永明超级玛丽旗舰版重大疾病保险—无身故—终身 | ★★★★★ |
| 2 | 昆仑健康 | 守卫者3号重大疾病保险—无身故—终身 | ★★★★★ |
| 3 | 复星保德信 | 复星保德信星悦重大疾病保险—基础计划 | ★★★★★ |
| 4 | 三峡人寿 | 三峡福倍倍保重大疾病保险—无身故—终身 | ★★★★★ |
| 5 | 三峡人寿 | 钢铁战士1号重大疾病保险—无身故—终身 | ★★★★★ |

## 保险产品 2020 年 7 月排行榜（综合榜）

| 序号 | 公司名称 | 产品名称 | 产品评级 |
|---|---|---|---|
| 定期寿险 | | | |
| 1 | 太保寿险 | 爱相守定期寿险 | ★★★★★ |
| 2 | 中信保诚 | 中信保诚「祯爱」优选定期寿险（2019 版） | ★★★★★ |
| 3 | 阳光人寿 | 阳光人寿 i 保定期寿险 | ★★★★★ |
| 4 | 中信保诚 | 中信保诚「祯爱」增额定期寿险 | ★★★★★ |
| 5 | 渤海人寿 | 渤海人寿优选智能定期寿险 | ★★★★★ |
| 终身寿险 | | | |
| 1 | 太平人寿 | 太平耀世金生终身寿险 | ★★★★★ |
| 2 | 平安人寿 | 平安福佑一生终身寿险 | ★★★★★ |
| 3 | 中荷人寿 | 中荷传家保终身寿险 | ★★★★★ |
| 4 | 中信保诚 | 中信保诚「基石恒利」终身寿险 | ★★★★★ |
| 5 | 太保寿险 | 长相伴 A 款终身寿险 | ★★★★★ |
| 重疾定期型 | | | |
| 1 | 光大永明 | 光大永明超级玛丽旗舰版重大疾病保险—定期 | ★★★★★ |
| 2 | 昆仑健康 | 守卫者 3 号重大疾病保险—定期 | ★★★★★ |
| 3 | 三峡人寿 | 三峡福倍倍保重大疾病保险—定期 | ★★★★★ |
| 4 | 瑞泰人寿 | 瑞泰超级玛丽重疾险（全民版）—定期 | ★★★★★ |
| 5 | 阳光人寿 | 健康随 e 保重疾保障计划（2018 版）—定期 | ★★★★ |
| 重疾终身含身故 | | | |
| 1 | 恒大人寿 | 恒大恒家保终身重大疾病保险 | ★★★★★ |
| 2 | 华夏人寿 | 常青树（多倍 2.0 版）重大疾病保险—2019 版 | ★★★★★ |
| 3 | 瑞泰人寿 | 瑞泰超级玛丽重疾险（全民版）—终身 | ★★★★★ |
| 4 | 华夏人寿 | 华夏福（多倍版）重大疾病保险 | ★★★★ |

（续表）

| 序号 | 公司名称 | 产品名称 | 产品评级 |
|---|---|---|---|
| 5 | 太平人寿 | 太平金生康瑞终身重大疾病保险 | ★★★★ |
| 重疾终身无身故 | | | |
| 1 | 光大永明 | 光大永明超级玛丽旗舰版<br>重大疾病保险—无身故—终身 | ★★★★★ |
| 2 | 国华人寿 | 国华华瑞国民终身重大疾病保险 | ★★★★★ |
| 3 | 昆仑健康 | 守卫者 3 号重大疾病保险—无身故—终身 | ★★★★★ |
| 4 | 阳光人寿 | 健康随 e 保重疾保障计划（2018 版）—终身 | ★★★★★ |
| 5 | 复星保德信 | 复星保德信星悦重大疾病保险—基础计划 | ★★★★★ |

保险产品 2020 年 7 月排行榜（价格榜）

| 序号 | 公司名称 | 产品名称 | 产品评级 |
|---|---|---|---|
| 定期寿险 | | | |
| 1 | 中信保诚 | 中信保诚「祯爱」优选定期寿险（2019 版） | ★★★★★ |
| 2 | 阳光人寿 | 阳光人寿 i 保定期寿险 | ★★★★★ |
| 3 | 渤海人寿 | 渤海人寿优选智能定期寿险 | ★★★★★ |
| 4 | 国富人寿 | 国富人寿定海柱 1 号定期寿险 | ★★★★★ |
| 5 | 华贵人寿 | 华贵大麦定期寿险 | ★★★★★ |
| 终身寿险 | | | |
| 1 | 中荷人寿 | 中荷传家保终身寿险 | ★★★★★ |
| 2 | 中邮人寿 | 中邮年年好邮保一生终身寿险 | ★★★★ |
| 3 | 华贵人寿 | 华贵守护 e 家终身寿险 | ★★★★ |
| 4 | 信泰人寿 | 信泰锦绣传承终身寿险 | ★★★★ |
| 5 | 同方全球 | 同方全球「传世尊享」终身寿险 | ★★★★ |

（续表）

| 序号 | 公司名称 | 产品名称 | 产品评级 |
| --- | --- | --- | --- |
| 重疾定期型 | | | |
| 1 | 光大永明 | 光大永明超级玛丽旗舰版重大疾病保险—定期 | ★★★★★ |
| 2 | 三峡人寿 | 三峡福倍倍保重大疾病保险—定期 | ★★★★★ |
| 3 | 瑞泰人寿 | 瑞泰超级玛丽重疾险（全民版）—定期 | ★★★★★ |
| 4 | 三峡人寿 | 钢铁战士 1 号重大疾病保险—定期 | ★★★★★ |
| 5 | 横琴人寿 | 横琴无忧人生 2020 重大疾病保险—定期 | ★★★★★ |
| 重疾终身含身故 | | | |
| 1 | 瑞泰人寿 | 瑞泰超级玛丽重疾险（全民版）—终身 | ★★★★★ |
| 2 | 横琴人寿 | 横琴无忧人生 2020 重大疾病保险—含身故—终身 | ★★★★★ |
| 3 | 恒大人寿 | 恒大恒家保终身重大疾病保险 | ★★★★★ |
| 4 | 弘康人寿 | 弘康臻爱 520 重大疾病保险 | ★★★★★ |
| 5 | 三峡人寿 | 钢铁战士 1 号重大疾病保险—含身故—终身 | ★★★★★ |
| 重疾终身无身故 | | | |
| 1 | 光大永明 | 光大永明超级玛丽旗舰版重大疾病保险—无身故—终身 | ★★★★★ |
| 2 | 昆仑健康 | 守卫者 3 号重大疾病保险—无身故—终身 | ★★★★★ |
| 3 | 复星保德信 | 复星保德信星悦重大疾病保险—基础计划 | ★★★★★ |
| 4 | 三峡人寿 | 三峡福倍倍保重大疾病保险—无身故—终身 | ★★★★★ |
| 5 | 三峡人寿 | 钢铁战士 1 号重大疾病保险—无身故—终身 | ★★★★★ |

保险产品 2020 年 8 月排行榜（综合榜）

| 序号 | 公司名称 | 产品名称 | 产品评级 |
| --- | --- | --- | --- |
| 定期寿险 | | | |
| 1 | 太保寿险 | 爱相守定期寿险 | ★★★★★ |
| 2 | 中信保诚 | 中信保诚「祯爱」优选定期寿险（2019 版） | ★★★★★ |
| 3 | 阳光人寿 | 阳光人寿 i 保定期寿险 | ★★★★★ |
| 4 | 中信保诚 | 中信保诚「祯爱」增额定期寿险 | ★★★★★ |
| 5 | 渤海人寿 | 渤海人寿优选智能定期寿险 | ★★★★★ |
| 终身寿险 | | | |
| 1 | 太平人寿 | 太平耀世金生终身寿险 | ★★★★★ |
| 2 | 平安人寿 | 平安福佑一生终身寿险 | ★★★★★ |
| 3 | 中荷人寿 | 中荷传家保终身寿险 | ★★★★★ |
| 4 | 中信保诚 | 中信保诚「基石恒利」终身寿险 | ★★★★★ |
| 5 | 太保寿险 | 长相伴 A 款终身寿险 | ★★★★★ |
| 重疾定期型 | | | |
| 1 | 光大永明 | 光大永明超级玛丽旗舰版重大疾病保险—定期 | ★★★★★ |
| 2 | 昆仑健康 | 守卫者 3 号重大疾病保险—定期 | ★★★★★ |
| 3 | 三峡人寿 | 三峡福倍倍保重大疾病保险—定期 | ★★★★ |
| 4 | 人保健康 | 人保健康鑫享如意重大疾病保险—身故返保额—重疾增额 | ★★★★ |
| 5 | 瑞泰人寿 | 瑞泰超级玛丽重疾险（全民版）—定期 | ★★★★ |
| 重疾终身含身故 | | | |
| 1 | 恒大人寿 | 恒大恒家保终身重大疾病保险 | ★★★★★ |
| 2 | 光大永明 | 光大永明嘉多保重大疾病保险—终身 | ★★★★★ |
| 3 | 华夏人寿 | 常青树（多倍 2.0 版）重大疾病保险—2019 版 | ★★★★ |

（续表）

| 序号 | 公司名称 | 产品名称 | 产品评级 |
|---|---|---|---|
| 4 | 瑞泰人寿 | 瑞泰超级玛丽重疾险（全民版）—终身 | ★★★★ |
| 5 | 三峡人寿 | 三峡福多倍保重大疾病保险 | ★★★★ |
| | | 重疾终身无身故 | |
| 1 | 光大永明 | 光大永明超级玛丽旗舰版重大疾病保险—无身故—终身 | ★★★★★ |
| 2 | 泰康人寿 | 泰康微健保重大疾病保险 | ★★★★★ |
| 3 | 国华人寿 | 国华华瑞国民终身重大疾病保险 | ★★★★★ |
| 4 | 昆仑健康 | 守卫者 3 号重大疾病保险—无身故—终身 | ★★★★★ |
| 5 | 阳光人寿 | 健康随 e 保重疾保障计划（2018 版）—终身 | ★★★★ |

保险产品 2020 年 8 月排行榜（价格榜）

| 序号 | 公司名称 | 产品名称 | 产品评级 |
|---|---|---|---|
| | | 定期寿险 | |
| 1 | 中信保诚 | 中信保诚「祯爱」优选定期寿险（2019 版） | ★★★★★ |
| 2 | 阳光人寿 | 阳光人寿 i 保定期寿险 | ★★★★★ |
| 3 | 渤海人寿 | 渤海人寿优选智能定期寿险 | ★★★★★ |
| 4 | 同方全球 | 同方全球「臻爱」优选定期寿险 | ★★★★★ |
| 5 | 国富人寿 | 国富人寿定海柱 1 号定期寿险 | ★★★★★ |
| | | 终身寿险 | |
| 1 | 中荷人寿 | 中荷传家保终身寿险 | ★★★★★ |
| 2 | 中邮人寿 | 中邮年年好邮保一生终身寿险 | ★★★★★ |
| 3 | 华贵人寿 | 华贵守护 e 家终身寿险 | ★★★★★ |
| 4 | 信泰人寿 | 信泰锦绣传承终身寿险 | ★★★★ |

（续表）

| 序号 | 公司名称 | 产品名称 | 产品评级 |
| --- | --- | --- | --- |
| 5 | 同方全球 | 同方全球「传世尊享」终身寿险 | ★★★★ |
| 重疾定期型 | | | |
| 1 | 光大永明 | 光大永明超级玛丽旗舰版重大疾病保险—定期 | ★★★★★ |
| 2 | 三峡人寿 | 三峡福倍倍保重大疾病保险—定期 | ★★★★★ |
| 3 | 瑞泰人寿 | 瑞泰超级玛丽重疾险（全民版）—定期 | ★★★★★ |
| 4 | 三峡人寿 | 钢铁战士 1 号重大疾病保险—定期 | ★★★★★ |
| 5 | 横琴人寿 | 横琴无忧人生 2020 重大疾病保险—定期 | ★★★★★ |
| 重疾终身含身故 | | | |
| 1 | 瑞泰人寿 | 瑞泰超级玛丽重疾险（全民版）—终身 | ★★★★★ |
| 2 | 三峡人寿 | 三峡福多倍保重大疾病保险 | ★★★★★ |
| 3 | 横琴人寿 | 横琴无忧人生 2020 重大疾病保险—含身故—终身 | ★★★★★ |
| 4 | 恒大人寿 | 恒大恒家保终身重大疾病保险 | ★★★★★ |
| 5 | 弘康人寿 | 弘康臻爱 520 重大疾病保险 | ★★★★★ |
| 重疾终身无身故 | | | |
| 1 | 光大永明 | 光大永明超级玛丽旗舰版<br>重大疾病保险—无身故—终身 | ★★★★★ |
| 2 | 昆仑健康 | 守卫者 3 号重大疾病保险—无身故—终身 | ★★★★★ |
| 3 | 复星保德信 | 复星保德信星悦重大疾病保险—基础计划 | ★★★★★ |
| 4 | 三峡人寿 | 三峡福倍倍保重大疾病保险—无身故—终身 | ★★★★★ |
| 5 | 国富人寿 | 国富人寿嘉和保重大疾病保险—无身故—终身 | ★★★★★ |

## 保险产品 2020 年 9 月排行榜（综合榜）

| 序号 | 公司名称 | 产品名称 | 产品评级 |
|---|---|---|---|
| 定期寿险 | | | |
| 1 | 太保寿险 | 爱相守定期寿险 | ★★★★★ |
| 2 | 中信保诚 | 中信保诚「祯爱」优选定期寿险（2019 版） | ★★★★★ |
| 3 | 阳光人寿 | 阳光人寿 i 保定期寿险 | ★★★★★ |
| 4 | 中信保诚 | 中信保诚「祯爱」增额定期寿险 | ★★★★★ |
| 5 | 渤海人寿 | 渤海人寿优选智能定期寿险 | ★★★★★ |
| 终身寿险 | | | |
| 1 | 太平人寿 | 太平耀世金生终身寿险 | ★★★★★ |
| 2 | 平安人寿 | 平安福佑一生终身寿险 | ★★★★★ |
| 3 | 中荷人寿 | 中荷传家保终身寿险 | ★★★★★ |
| 4 | 中信保诚 | 中信保诚「基石恒利」终身寿险 | ★★★★★ |
| 5 | 太保寿险 | 长相伴 A 款终身寿险 | ★★★★★ |
| 重疾定期型 | | | |
| 1 | 光大永明 | 光大永明超级玛丽旗舰版重大疾病保险—定期 | ★★★★★ |
| 2 | 昆仑健康 | 守卫者 3 号重大疾病保险—定期 | ★★★★★ |
| 3 | 三峡人寿 | 三峡福倍倍保重大疾病保险—定期 | ★★★★ |
| 4 | 人保健康 | 人保健康鑫享如意重大疾病保险—身故返保额—重疾增额 | ★★★★ |
| 5 | 瑞泰人寿 | 瑞泰超级玛丽重疾险（全民版）—定期 | ★★★★ |
| 重疾终身含身故 | | | |
| 1 | 恒大人寿 | 恒大恒家保终身重大疾病保险 | ★★★★★ |
| 2 | 光大永明 | 光大永明嘉多保重大疾病保险—终身 | ★★★★★ |
| 3 | 华夏人寿 | 常青树（多倍 2.0 版）重大疾病保险—2019 版 | ★★★★ |

（续表）

| 序号 | 公司名称 | 产品名称 | 产品评级 |
|---|---|---|---|
| 4 | 瑞泰人寿 | 瑞泰超级玛丽重疾险（全民版）—终身 | ★★★★ |
| 5 | 三峡人寿 | 三峡福多倍保重大疾病保险 | ★★★★ |
| | | 重疾终身无身故 | |
| 1 | 光大永明 | 光大永明超级玛丽旗舰版<br>重大疾病保险—无身故—终身 | ★★★★★ |
| 2 | 泰康人寿 | 泰康微健保重大疾病保险 | ★★★★★ |
| 3 | 国华人寿 | 国华华瑞国民终身重大疾病保险 | ★★★★★ |
| 4 | 昆仑健康 | 守卫者 3 号重大疾病保险—无身故—终身 | ★★★★★ |
| 5 | 阳光人寿 | 健康随 e 保重疾保障计划（2018 版）—终身 | ★★★★★ |

保险产品 2020 年 9 月排行榜（价格榜）

| 序号 | 公司名称 | 产品名称 | 产品评级 |
|---|---|---|---|
| | | 定期寿险 | |
| 1 | 中信保诚 | 中信保诚「祯爱」优选定期寿险（2019 版） | ★★★★★ |
| 2 | 阳光人寿 | 阳光人寿 i 保定期寿险 | ★★★★★ |
| 3 | 渤海人寿 | 渤海人寿优选智能定期寿险 | ★★★★★ |
| 4 | 同方全球 | 同方全球「臻爱」优选定期寿险 | ★★★★★ |
| 5 | 瑞泰人寿 | 瑞泰瑞和（升级版）定期寿险 | ★★★★★ |
| | | 终身寿险 | |
| 1 | 中荷人寿 | 中荷传家保终身寿险 | ★★★★★ |
| 2 | 中邮人寿 | 中邮年年好邮保一生终身寿险 | ★★★★★ |
| 3 | 华贵人寿 | 华贵守护 e 家终身寿险 | ★★★★★ |
| 4 | 信泰人寿 | 信泰锦绣传承终身寿险 | ★★★★ |

（续表）

| 序号 | 公司名称 | 产品名称 | 产品评级 |
|---|---|---|---|
| 5 | 同方全球 | 同方全球「传世尊享」终身寿险 | ★★★★ |
| **重疾定期型** | | | |
| 1 | 光大永明 | 光大永明超级玛丽旗舰版重大疾病保险—定期 | ★★★★★ |
| 2 | 百年人寿 | 百年加惠保重大疾病保险—定期 | ★★★★★ |
| 3 | 三峡人寿 | 三峡福倍倍保重大疾病保险—定期 | ★★★★★ |
| 4 | 瑞泰人寿 | 瑞泰超级玛丽重疾险（全民版）—定期 | ★★★★★ |
| 5 | 三峡人寿 | 钢铁战士 1 号重大疾病保险—定期 | ★★★★★ |
| **重疾终身含身故** | | | |
| 1 | 瑞泰人寿 | 瑞泰超级玛丽重疾险（全民版）—终身 | ★★★★★ |
| 2 | 三峡人寿 | 三峡福多倍保重大疾病保险 | ★★★★★ |
| 3 | 横琴人寿 | 横琴无忧人生 2020 重大疾病保险—含身故—终身 | ★★★★★ |
| 4 | 恒大人寿 | 恒大恒家保终身重大疾病保险 | ★★★★★ |
| 5 | 弘康人寿 | 弘康臻爱 520 重大疾病保险 | ★★★★★ |
| **重疾终身无身故** | | | |
| 1 | 光大永明 | 光大永明超级玛丽旗舰版<br>重大疾病保险—无身故—终身 | ★★★★★ |
| 2 | 昆仑健康 | 守卫者 3 号重大疾病保险—无身故—终身 | ★★★★★ |
| 3 | 复星保德信 | 复星保德信星悦重大疾病保险—基础计划 | ★★★★★ |
| 4 | 三峡人寿 | 三峡福倍倍保重大疾病保险—无身故—终身 | ★★★★★ |
| 5 | 国富人寿 | 国富人寿嘉和保重大疾病保险—无身故—终身 | ★★★★★ |

# 后　记

中国财富网是中国财富传媒集团旗下专业的互联网金融信息综合服务平台。自 2018 年 7 月 29 日起，中国财富网每月定期发布 5 类 10 份保险产品榜单，每季度发布一份“保险公司季度消费者推荐排行榜”，每年发布一份“人身保险产品研究报告”。在这三年的时间内，榜单给我们带回了来自保险公司、保险科技企业、保险消费者等各方面的积极反馈。

《2020 年中国人身保险产品研究报告》已经是我们第三次公开发布的年度报告。报告延续了往期的研究方法，包含总报告、七个分报告、一个专题报告及保险产品月度排行榜，覆盖了定寿、终寿、重疾、年金、万能险、投连险、中端医疗险及老年医疗险各类人身险险种。通过榜单、报告对产品设计特征、产品创新动向的长期追踪，险企可以更好地了解市场变化，消费者也可以有效的甄别、选择保险产品。

作为一家专业财经媒体，积极发布专业研究报告，坚持不懈填补知识鸿沟，为消费者提供专业且易懂的见解和建议，引导消费者从反感、拒绝、否定到理性看待保险产品，是我们的职责所在。

特别感谢全国政协委员、中国保监会原副主席周延礼先生的专业指导和大力支持。感谢中国财富网同事们为报告发布付出的辛苦工作。

中国财富网服务消费者、服务保险业的初心不变，将始终恪守公正、公平、公开原则，尊重保险行业发展规律，坚持全面、客观、平衡的基本立场，为中国保险业健康发展贡献力量。

中国财富传媒集团

2020 年 12 月 20 日